가정이 최고의 학교다

모든 인간은 하나님의 형상을 닮은 존엄한 존재입니다. 전 세계의 모든 사람들은 인종, 민족, 피부색, 문화, 언어에 관계없이 존귀합니다. 예영커뮤니케이션은 이러한 정신에 근거해 모든 인간이 존귀한 삶을 사는 데 필요한 지식과 문화를 예수 그리스도의 사랑으로 보급함으로써 우리가 속한 사회에 기여하고자 합니다.

가정이 최고의 학교다(JUMPING SHIP)

초판 1쇄 찍은 날 · 2013년 7월 25일 | **초판 1쇄 펴낸 날** · 2013년 7월 30일
지은이 · 마이클 펄 | **옮긴이** · 임신희 | **펴낸이** · 김승태
등록번호 · 제2-1349호(1992. 3. 31) | **펴낸 곳** · 예영커뮤니케이션
주소 · (136-825) 서울시 성북구 성북1동 179-56 | **홈페이지** www.jeyoung.com
출판사업부 · T. (02)766-8931 F. (02)766-8934 e-mail : jeyoung@chol.com
출판유통사업부 · T. (02)766-7912 F. (02)766-8934 e-mail : jeyoung@chol.com

Korean Copyright ⓒ 2013 by Jeyoung Communications Publishing House

ISBN 978-89-8350-853-9 (04370)
　　　 978-89-8350-738-9 (세트)

값 9,000원

* 잘못 만들어진 책은 교환해 드립니다.
* 본 저작물은 저작권법에 의하여 한국 내에서 보호를 받는 저작물이므로 무단 전재와 무단 복제를 금합니다.

이 도서의 국립중앙도서관 출판시도서목록(CIP)은 서지정보유통지원시스템 홈페이지(http://seoji.nl.go.kr)와 국가자료공동목록시스템(http://www.nl.go.kr/kolisnet)에서 이용하실 수 있습니다.
(CIP제어번호 : CIP2013012030)

도모생애교육신서 ㉙

가정이 최고의 학교다

마이클 펄 지음 ǀ 임신희 옮김

예영커뮤니케이션

목 차

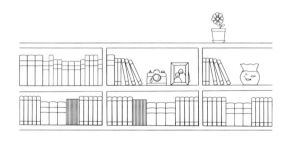

1장

세상에
물들지
않는
홈스쿨러

지금까지 홈스쿨 운동은 상당한 수의 졸업생을 배출하였다. 홈스쿨 운동은 성숙 단계에 접어들었다. 이제 그동안의 결과를 살펴보고, 필요하다면 그에 따른 진로 수정을 하여야 할 때이다.

홈스쿨을 한 첫 세대가 이십대 후반이나 삼십대 초반이 되었고, 이제는 그들이 결혼하여 자신의 자녀를 두었다. 그들에게는 많은 성공 스토리가 있다. 변호사와 의사, 과학자 그리고 교사와 국회의원들이 배출되었다. 홈스쿨의 성공에 대한 척도는 그들이 세상을 변화시켰는지, 또 그들이 관계하는 개인들의 삶에 영향을 미쳤는지로 가늠된다. 그것은 홈스쿨로 자란 청년들이 결혼 적령기에서 접어들었을 때 보여 주는 정서적인 안정성이나 영적 관점으로 더욱 잘 측정할 수 있다.

그들이 어떤 직업을 가지고 있든 이제 우리는 세상에 물들지 않는 새로운 세대의 경건한 부모들을 보고 있다. 그들은 하나님의 자녀로 거룩한 가정을 세우고 새 세대의 자녀들을 안정되고 경건하게 기르고 있다. 공교육 제도는 지속적으로 피폐해져서 마약과 혼전 성관계에 시달리며 제대로 된 글을 읽지도 못하는 부적응자들의 늪이 되어 버렸다. 반면 홈스쿨 운동은 폭포수 줄기 같은 부패에 맞서서 하나님과 가족에 헌신하는 지적이고 명료하며 확신에 찬 시민들을 양성하고 있다.

하지만 모든 홈스쿨러가 그런 성공 스토리가 되고 있진 못하다. 일부는 아직 완전히 승리했다고 할 수 없으며, 아주 적은 수이긴 하지만 처참한 실패를 겪은 사례도 있다. 모든 홈스쿨 가족이 동일한 조건을 갖추고 있지 않다. 홈스쿨을 한 자녀들은 그 부모가 제공하는 문화의 직접적인 산물이기 때문이다. 홈스쿨 자체가 마법적인 일을 행하지는 않는다. 인본주의적인 정부의 간섭이나 이 시대의 다양한 문화는 사회의 '악한 진화'(devil-lution)를 초래한다. 홈스쿨은 단지 그러한 악영향을 받지 않고 부모 노릇을 할 수 있는 배경이 되어 준다. 홈스쿨을 선택한 부모들은 자신이 자녀들에게 주요한 모델이자 전적인 문화적 대안이 되겠다고 선택한 것이다. 그들 자신의 세계관 '복제'는 최고로 엄숙한 모험이다.

하지만 그러한 복제에 실패한 사례들이 있다. 그 주 원인으로는 두 가지 문제를 들 수 있다. 먼저 일부 부모 그 자신들이 '복제'하기에 좋은 부모가 아닌 경우이다. 다시 말해 세상이 '또 다른 그들'을 원하거나 필요로 하지 않는다는 말이다. 두 번째는 우리가 지금 토론하고자 하는 주된 요점인데, 문화적 복제는 결코 저절로 쉽게 이룰 수 없다는 것이다. 자녀들이 부모가 지닌 인생에 대한 관점을 수용할 것이라는 보장은 없다. 부모의 마음과 영혼을 자녀들에게 심어 주기 위해서는 진지한 헌신과 지혜가 있어야 한다.

여러 해 전만 해도 공동체 생활(교회나 학교 그리고 확대 가족이나 친구와 이웃)이 어린아이들에게 올바르고 거룩한 삶의 방향을 지시해 줄 수 있던 때가 있었다. 부모가 훌륭한 훈련자요 본보가 되지 못해도 그 부족한 부분은 조부모나 친척, 공교육과 지역 교회에 의해 교정되었다. 교육에는 모든 사회생활이 얽혀 있었다. 하지만 이제는 그러한 시대가 아니다. 오늘날 일반적인 교회는 인터넷 PC방만큼이나 어린아이들에게 악영향을 미칠 수 있다. 공동체 생활은 마당에 앉아 콩을 까던 할머니가 살던 시절의 고리타분한 양식이 되었다. 이 시대는 심지어 가장 가까운 친척들의 성폭행에서도 자녀를 보호해야 한다. 내가 아는 어떤 가족은 현대 문화의 위협에 떠밀려 아나콘다와 말라리아 그리고 독재자들의 위협에도 불구하고 아마존 유역으로 짐을 싸서 떠났다.

나는 수없이 많은 부모에게서 편지를 받는다. 그들은 자신의 자녀가 15세에서 18세 정도가 되면 바깥 사회로 나가 구조 요청을 하거나, 자신의 존재 근거에 회의를 품거나, 인생의 의미를 정반대의 삶에서 찾는다고 불평한다. 부모는 그런 자녀에게서 충격을 받는다. 그리고 이렇게 말한다. "나는 애들에게 TV도 못 보게 했어요. 그리고 홈스쿨과 가정교회 교육을 했고, 오직 같은 생각을 지닌 가족과만 교류하려고 세심한 주의를 기울여 왔습니다. 애들에게 하나님의 말씀을 가르쳤고 그들이 악한 영향을 받지 않도록 보호했습니다. 하지만 애들은 세상을 만날 기회가 생기자마자 주저 없이 세상으로 가버리더군요." 한 여성은 십대 아들 둘을 홈스쿨로 키웠는데 사춘기가 되기도 전에 소돔성에서나 있을 법한 일에 물들어 있다는 것을 알게 되었다고 한다. 또 어떤 가족은 자녀 여덟이 모두 최악의 집단 성교에 관계된 것을 알아냈다고 한다. 요즘은 어느 곳에서나 인터넷에서 쉽게 포르노를 접할 수 있다. 한 아이는 이웃 사람들이 집을 비운 틈을 타 그 집에 몰래 들어가 컴퓨터를 사용했다. 열여섯 소녀는 집을 나가 마약 중독자들과 어울려 반 거지 생활을 했다. 2년 후 그녀는 마약 중독자가 되어 있었다. 아기가 딸려 있었으며, 아무 희망도 없는 동거남에게서 얼굴을 얻어맞아 턱이 나간 상태였다. 어떤 부모는 자신의 자녀가 근친상간에 관련되었다는 것을 알고 난 후 다니던 교회도 나가지 않고 술로 날을 지새웠다고 한다. 그 가족은 모두 '서로 상관하지 말자'라는 지옥에서나 있을 법한 태도를 취했다.

나중에 그 자녀들 중 한 명이 성장하여 우리에게 편지를 써 보내 왔는데, 그제야 그 수치스러운 태도를 반성하였다. 그녀는 가족이 날마다 가정 예배를 드렸으며 TV도 보지 않았다고 말했다. 그 부모가 '옳은 일'만 했어도 그 자녀들에게는 전혀 효과가 없었던 것이다. 그녀는 결혼을 하고 세 자녀를 낳고서야 다른 가족들, 특히 동성애자인 여동생을 염려하였다.

이 책을 읽는 독자 여러분이 이런 사실을 받아들이는 것은 참으로 힘든 일임은 나도 안다. 왜냐하면 이 글을 쓰는 나도 그러했으니까. 하지만 자녀의 영혼을 위한 영적 전투를 준비하는 분들이라면 이맛살이 찌푸려져도 현실을 알아야 한다. 구하는 답을 얻기 위해서 다음과 같은 질문을 해 보자. "우리 아이들이 16살이나 18살이 되어서 세상에 빠져 버리지 않게 하려면(세상에 물들지 않게 하려면) 어떻게 해야 할까요?" 그런 류의 질문을 다르게 할 수도 있다. 아래의 질문을 보면서 그 답에 대한 힌트를 얻을 수 있을 것이다.

- 내 아이들이 내가 가르치는 가치를 실제로 받아들이게 하려면 어떻게 해야 할까?
- 세상의 유혹에 저항하도록 자녀들을 준비시키기 위해 할 수 있는 일은 무엇인가?
- 어떻게 하면 선과 악에 대한 지식을 자녀들에게 심어 주고 선을 선택하

도록 할 수 있을까?

- 자녀의 순수함을 잃지 않으면서 자녀들을 미리 경계하고 대비시킬 수 있을까?

- 자녀들이 의를 사랑하고 불의를 미워하도록 하는 방법은 무엇인가?

- 어떻게 하면 자녀들이 하나님이 예비하신 배우자를 인내하며 기다리게 할 수 있을까?

이미 '종교'에 눈이 어두워진 사람과는 의사소통이 어렵다. 이 글을 읽는 지금 당신은 어쩌면 전혀 자신과 상관없는 얘기를 한다고 생각할지도 모르겠다. 당신은 내 가족이 성경의 원칙과 종교적 헌신에 흔들림이 없다고 확신한다. 자녀들에게 '패키지 기독교'를 제공하여 그들이 외부의 영향에서 떨어져 있게 했으므로 그 울타리 안에서 안전할 것이라고 자신한다.

여기서 두 가지 문제를 고려해야 한다. 하나는 부모가 부정적인 예가 되는 경우이다. 당신은 이러한 중요한 문제에 대해 늘 듣기 싫은 소리를 하는 나에게 짜증이 날 수도 있다. 당신은 뭔가 긍정적인 말을 듣고 싶어 하고, 쉽게 고칠 수 있다는 말을 듣고 싶어 한다. 내 오십 년의 경험을 가지고 돌아보면, 아담의 후예인 우리는 평화로운 의의 과실을 원한다. 하지만 그것도 우리 자신의 개인적인 영역을 침범당하지 않으면서 외면적으로만 적용할 수 있는 시스템 안에서만 일어나길 바란다. 직업적인 면에서 일이 잘못되어 갈 때 우리는 다른 방법을 찾거나 동기부여가 되는 회의를 열어 혁신적인 생산을 가져올 비밀을 발견하기도 한다. 그리고 더 나은 방법이 있다는 것을 몰랐음을 인정하고, 몇 가지 변화를 취하기도 한다. 하지만 이것이 우리 자신을 주눅들게 하지는 않는다. 그러나 우리는 자신이 추하고 잔인하며 이기적이고 비열하다는 것을, 무관심하고 허영심 많은 욕망 덩어리라는 것을, 또 부모는 고사하고 누군가의 친구가 되기에도 적합지 않은 형편없는 사람임을 영혼 깊숙이 인정해야 한다.

우리는 앓고 있는 가족을 고치되 개인적인 내 영혼의 문제는 건들지 말고 그냥 놔두었으면 한다. 다시 말해 인생 전체가 아닌, 내 자녀에게서 눈에 보이는 문제만을 고치고 싶어 한다. 우리는 아이들의 심각한 상태 외에는 아무 것도 간섭받기를 원하지 않는다. 우리는 그 문제만 고칠 수 있다면 현 상태를 유지하며 살 수 있을 것이다. 하지만 그런 생각은 결코 현실로 이루어지지 않는다. 인간은 '전체적'(whole)이기 때문이다. 좋은 남편이나 아내가 되지 않고는 좋은 아버지가 될 방법이 없다. 내 자신이 자제력과 절제의 달인이 되지 않고는 좋은 아버지가 되지 못한다. 나를 아는 다른 사람에게 좋은 본보기가 되지 못하면서 그 자녀에게만 좋은 본보기가 될 수는 없는 일이다. 좋은 그리스도인 아버지와 어머니들은 오직 좋은 그리스도인에서 나온다. 다른 모든 부문에서는 잘못된 사람이 한 부문에서만 옳을 수는 없다. 우리는 전체적이며, 모든 자녀 훈육에는 전체 인간이 동원됨을 이해해야 한다. 다시 말해 나는 지금 당신(전체로서의 인간)에게 개인적인 회개를 하라고 요구하고 있는 것이다. '고침'은 그 후에 곧 이루어진다.

당신은 자녀가 되기를 원하는 바로 그 사람이 '되어야' 한다. 십 대 자녀를 억지로 경건한 삶과 천국으로 끌어갈 수 없다. 그들의 인도자가 되어야 한다. 이것이 우리 토론의 첫 번째 요점이다. 두 번째는 순수가 울타리가 되어 줄 것이라고 단정하지 말라는 것이다. 적은 언제나 집 밖에만 있는 것은 아니다. 내 자녀의 육신 안에 천사도 놀라 도망갈 만큼 무시무시한 악이 있을 수 있다. 성범죄에 대해서 듣도 보도 못하고 외부의 어떤 자극에 유혹받은 적 없는 자녀에게도 혼자 알게 된 성의 유혹으로 근친상간이 일어나기도 한다. 실제로 올바른 본보기를 보여 준 진정으로 선한 부모라도 그들이 세심하고 적절하게 만들어 유지해 왔던 안식처에서 그 자녀가 방탕한 길로 빠지는 것을 볼 수 있다. 부모가 세상으로 나가는 문에 문지기로 서 있어도, 아담의 자손은 무에서부터 소돔성을 건설할 수 있다. 그것도 세심한 관심과 사랑으로 최선의 본보기를 보여 주는 부모 밑에서 말이다.

곧 우리는 그런 문제에 대한 답을 찾게 될 것이다. 다만, 그 해답을 외면적으로 기독교를 따르는 것에서 찾을 수 없다는 것을 명심하라. 당신의 집 밖에 있는 어둠을 막아 내기 위해 담장을 치는 데 에너지를 쏟을 것이 아니다. 하늘의 빛을 많이 받을 수 있는 담을 둘러야 할 것이다.

무엇보다 우선하는 것

홈스쿨을 이제 막 시작한다면 먼저 자녀가 부모의 세계관을 받아들이게 해야 한다. 그것을 능동적이고 매력적이며 설득력 있게 제시하여야 한다. 자녀의 환심을 사려는 악의 세일즈맨들은 널려 있다. 당신이 권고하고 모범을 보이는 그 세계관이 어떤 다른 대안 중에서도 최선이라는 개인적인 확신을 자녀에게 주어야 한다. 아이들은 가식과 진심을 본능적으로 알아챈다. 자녀가 16살이 되면 당신이 자신에 대해 아는 것보다 당신에 대해 더 많이 알게 될 것이다. 십대들은 그들이 가치 있다고 여기는 것에 기초하여 자신의 가치관을 형성한다. 누구도 특정 가치관을 채택하도록 강제할 수 없다. 일반적인 사람이라면 자신의 깊은 열망을 채워 주는 것에 우선적인 가치를 둔다. 관심이 없는 것을 제공해 봤자 거절만 당할 뿐이다. 지루하거나 외롭거나 찌질하게 보이는 길을 선택할 이유가 무엇이겠는가? 아무 가치가 없는 것에 가치를 부여할 사람이 있겠는가? 십대들은 낭만과 열정을 원한다. 소녀들은 그 세대에 맞는 온유한 안정감을 바란다. 소년들은 정복욕을 만족시킬 도전을 원한다. 누구에게

나 비전이 필요하고 그 비전을 이룰 수단이 필요하다. 선량함과 결과에 대한 추구만으로 16살짜리를 가둘 수는 없다. 의무와 책임은 그들을 통제하는 힘이 되지 않는다.

'선한 기독교인'이 되라는 전통은 여전히 많은 가족을 움직이는 힘이다. 그들은 근면성실하고 정직하며 존경할 만하다. 그들은 자신이 '선한 삶'을 선택하고 죄의 결과를 피하기 때문에 자연스럽게 그 자녀가 이런 생활 태도의 지혜를 보고 스스로 그것을 선택하리라 기대한다. 선한 삶의 태도는 그들의 종교적 확신의 산물이며, 그들은 자신의 자녀가 그것을 알기를 온전히 기대한다. 그들은 수치스러운 죄가 낳은 것이 명백한, 그토록 저급한 삶을 자기 자녀가 선택할 것이라고는 꿈도 꾸지 못한다.

부모가 선택한 '선한 삶'이 자동적으로 자녀에게 그리스도인의 삶을 살도록 하는 권고가 될 것이라는 생각은 잘못되었다. 어떤 종교인이나 아니 무신론자라도 '선한 삶'을 살 수 있다. 그 문제라면 쉽게 관찰할 수 있는 증거가 있을 것이다. 공교육 안에도 그리스도인보다 더 행복한 소돔인이 있다. 그리스도인 부모가 서로를 사랑하는 것보다 더 서로를 사랑하는 간음자가 있다. 영화는 활기와 재미가 가득한 악한 사람들을 비춰 준다. 비디오 게임은 가슴이 큰 여성과 힘센 젊은 남성이 서로를 죽임으로써 소년들의 정복욕을 채워 준다. 그것은 쾌락주의적인 삶의 태도를 제시한다. 쇼핑몰에 가면 다른 식의 삶을 사는 사람의 '유쾌하고 재미있는 모습'이 청소년을 유혹한다. 당신은 그보다 나은 어떤 것을 제시할 수 있는가? 그렇다면 그들이 그 사실을 어떻게 알게 할 것인가? 아이들은 선과 악에 대한 사전 지식 없이 세상에 태어난다. 부모는 그들을 악으로부터 지키기만 하면 선은 자동적으로 따라올 것이라고 생각한다. 하지만 아담과 이브도 오직 선으로만 둘러싸여 있었지만 악을 선택하지 않았던가? 그리스도인에게는 다음 세대가 없다. 어린아이는 만족을 느끼는 지각 정도에 따라 각자가 그 자신의 삶을 만들어 간다.

이 지구에는 오직 두 종류의 삶만이 존재한다. 하나는 선이나 악을 행하거나, 아니면 그 중간 어디쯤에 있는 '자연의 삶'이다. 또 다른 하나는 끊임없이 선한 일을 행하고 선한 존재가 되는 것 그 이상을 추구하는 '예수의 삶'이다. 예수님은 이렇게 말씀하셨다. "내가 온 것은 양으로 생명을 얻게 하고 더 풍성히 얻게 하려는 것이라"(요 10 10). 예수님의 삶에는 기쁨과 사랑이 풍성했다. 그것은 정직과 판단 그리고 희생적인 섬김의 삶이었다. 예수님의 삶에는 위선이 없었다. "오직 성령의 열매는 사랑과 희락과 화평과 오래 참음과 자비와 양선과 충성과 온유와 절제니 이같은 것을 금지할 법이 없느니라"(갈 5:22-23). 베드로는 이렇게 말한다. " … 말할 수 없는 영광스러운 즐거움으로 기뻐하니"(벧전 1:8). 그들이 당신의 삶을 '말할 수 없는 영광'이라고 볼 것인가? 그렇다면 당신의 세계관에 자녀들을 접목시키려면 무엇을 제공해야 하는가? 그들이 당신이 제공하는 삶을 선택하게 하려면 어떻게 해야 하는가? 만약 당신이 자신의 삶에 아무런 기쁨을 느끼지 못한다면 이는 가당찮은 일이 될 것이다.

열정이 없는 '선한' 삶은 되풀이할 가치가 없다. 사랑은 언제나 열정적이다. 희락과 화평도 그러하다. 오래 참음은 다른 사람의 필요와 감정을 고려하는 진중한 형태의 열정이다. 자비와 양선은 붉은 화살선 같이 하나님을 가리키는 미덕이다. 믿음은 천사의 날개처럼 사랑스럽다. 온유는 다른 사람에게 열등감을 주지 않는다. 절제는 그 사람의 삶에 나타난 하나님 능력의 궁극적인 표현이다. 실로 성령의 열매는 매력적이다. 십대들은 매력적인 사람에게 이끌린다. 그들의 부모가 매력적이지 않으면 그들은 매력적인 다른 누군가에게 시선을 돌릴 것이다. 기뻐하고 찬양하는 기꺼운 마음을 가진 정신은 모든 사람에게 매력적이다. 소매 끝에만 종교적 확신을 매달고 다니는 사람은 면전에서 재채기를 해대는 사람처럼 역겹게 느껴진다.

문제는 십대들이 아직 진정한 기쁨과 값싼 웃음을 분별할 정도로 지혜롭지 못하다는 데 있다. 그들은 부모에게 기쁨이 없을 때 그 사실을 재빨리 알아챈다. 그럴 때 그들이 즐거움과 재미가 가득한 세상적 사람을 만난다면 어떻게 하겠는가? 자녀들은 그 세상적 기쁨 뒤에 있는 냉소와 반역을 보지 못한다. 그들은 겨우 짧은 인생 경험에서 처음으로 발견한 대상에 자신의 열정을 불태운다. 그런 종류의 사람들과 함께 있으면서 그들은 살아 있는 것 같이 느낀다. 그래서 한순간에 부모의 인생이 지루하고 밋밋하며 자신은 그렇게 살 필요가 없다고 생각한다.

그들은 무조건적으로 자신을 받아들이는 어둠의 사람을 만난다. 일상생활의 가정에서는 하나님의 사랑을 진정으로 느껴본 적이 없었던 그들은, 이것이 자신들이 항상 그려 왔던 사랑이라고 생각한다. 그들은 자신의 지루한 부모를 떠나 마침내 인생의 진정한 의미를 찾았다는 데에 추호의 의심도 없이 사탄의 소굴로 걸어간다. 그들도 바보 같지만 그 부모도 자신의 십대 자녀가 원칙은 있어도 열정이 없는 종교, 기쁨의 샘물을 마셔 보지 못한 그 중도의 길에 만족할 것이라고 믿으니, 순진하기 짝이 없다. 자녀에게 부모의 세계관을 받아들이게 할 수 있느냐는 대개 부모와 자식 간의 인격적 관계 형성이 원만한가에 따라 좌우된다. 만약 그 아버지와 어머니가 낭만적이고 기쁨을 표출하며 부러워할 만한 열정을 지니고 있다면 그 자녀도 부모와 같은 열매를 거두고자 하는 소망으로 같은 길을 걷기를 원할 것이다.

2장

열매
맺기

다음은 우리가 받았던 많은 편지 가운데 이 장의 제목과 관련된 것을 뽑은 것이다.

> 펄 부부께,
>
> 우리가 아는 한 가족은 자녀를 홈스쿨로 키웠는데, 많은 목회자가 이들을 기독교 가정의 모델로 소개해 왔습니다. 그런 그들의 장남이 세상에 물들고 말았습니다. 그 아이는 커다란 문신을 새기고 귀를 뚫은 데다가 머리 염색도 했습니다. 하지만 문제는 그의 외모가 아니라 그의 완강한 반항적 태도였습니다. 목사님의 글을 읽기 전에는 그 아이를 보면서 마음이 많이 흔들렸었는데, 이제는 그 아이가 왜 그렇게 되었는지 알게 되었습니다. 그

부모는 늘 안달하면서 돈 사용이나, 나라 문제, 이웃집이나 교회의 나쁜 영향력에 대해 걱정했습니다. 그들에게는 기쁜 일이 하나도 없는 것 같아 보였습니다. 그러니 부모 자식의 관계가 어그러졌던 것이겠지요. 내가 그 아이라도 그런 부모 밑에서 살고 싶지 않았을 것입니다. 아마 제 자신도 그것을 잣대로 삼을 수 있지 않을까 생각합니다.

홈스쿨의 첫 세대가 무르익었다. 수확철이 된 것이다. 많은 부모에게는 심판의 때가 아니라 마치 대환란(Great Tribulation)의 때와 유사하게 느껴진다. 부모들은 자신의 살과 피에 적의 성품이 입혀지는 것을 보고 있다. 안타깝게도 많은 사람에게 이것은 갑작스러운 일이 아니다. 우리는 여러 해 동안이나 이런 일이 생기고 있는 것을 보았고, 글로 예측했으며, 부모들에게 종교적인 가르침과 세상에서의 도피만으로 충분하지 않을 것이라고 경고했었다. 부모가 쳐둔 울타리는 어린 자녀를 보호하는 기능을 하지만, 16살이나 18살 정도가 되면 자녀는 스스로 선택하고 행동할 수 있는 힘을 갖게 된다. 그래서 부모는 숨을 멈추고 긴장한다. 요엘 3장 14절을 보자. "사람이 많음이여, 심판의 골짜기에 사람이 많음이여, 심판의 골짜기에 여호와의 날이 가까움이로다."

부모가 자녀를 구하기 위해서는 어디로 피해야 할까? 세상에서 도피하는 것은 자기 피부에서 도피하는 것과 같다. 적의 눈에 띠지 않으려고 뒤에 숨어서 살펴보면, 적은 이미 우리 신발을 신고 있음을 발견한다. 많은 그리스도인 가정은 자녀를 보호하기 위해 조심해 왔지만, 사단은 우리가 마시는 공기 중에, 우리가 먹는 음식 속에, 심지어는 열세 살짜리 성기에도 있음을 발견한다.

그런 가정 가운데 많은 이의 믿음이 흔들린다. "우리는 TV도 보지 않고 죄인들과 어울리지도 않았어요. 우리는 애들을 기독교 원칙으로 가르쳤죠. 그런데 왜 일이 이렇게 되었을까요?" 그들은 마치 환경과 유전적 특질이 한 사람의 행동을 결정한다고 생각한다. 부모는 자녀를 보호하고 기독교 원칙으로 가르치기만 하면 좋은 그리스도인으로 만들 수 있다고 믿는다. 그러나 현실은 그런 오래된 예상이 틀렸음을 증거한다. "그들이 악한 영향을 받지 않도록 하라. 그러면 그들은 절대 오염되지 않을 것이다."

아담의 타락한 아들들은 세상으로부터 완벽하게 차단된 기독교 가정 안에서도 죄를 재창조할 선천적인 능력과 경향이 있다. 나쁜 일을 행하는 데에 꼭 '나쁜 사람들'의 영향을 받을 필요는 없다. 그리스도인의 자녀라고 해도 육의 유혹에서 예외일 수는 없다. 아담과 하와의 예에서처럼 순진함이 보호막이 되지 않는다. 그리스도인의 성품은 타고날 때부터 전파되거나 가족의 유산으로 전수되지 않는다. "기록된 바 의인은 없나니 하나도 없으며 깨닫는 자도 없고 하나님을 찾는 자도 없고 다 치우쳐 함께 무익하게 되고 선을 행하는 자는 없나니 하나도 없도다, 모든 사람이 죄를 범하였으매 하나님의 영광에 이르지 못하더니"(롬 3:10-12,23).

이것만으로도 충분히 실망스럽다. 그렇다면 성경 잠언에서 "마땅히 행할 길을 아이에게 가르치라 그리하면 늙어도 그것을 떠나지 아니하리라"(잠 22:6)고 하신 말씀은 무어란 말인가? 안정되고 근면하며 의로운 하나님의 자녀들이 이제 자신의 가정을 일구어 벌써 축복된 3세대의 열매를 맺고 있는 자가 수만 명에 이른다.

나는 "우리 아이들에겐 훈련이 안 통했어요."라는 말을 자주 듣는다. 열쇠는 '훈련'이라는 말 안에 있다. 어떤 훈련도 그것만으로는 안 될 것이다. 훈련을 하려는 '노력'을 한다고 해서 '실제'로 훈련되는 것은 아니다.

비유: 가족 여행

가족은 선장이 지휘하는 배와 같다. 배에는 선원들과 승객들, 화물이 실려 있다. 어쩌면 편안한 유람선일 수도, 탐사선이거나 새로운 도시로 향하는 순례자들을 태운 선박일 수도, 아니면 노예선이거나 보물을 찾는 배일 수도, 혹은 항구 주변에서 서성대는 냄새나는 오래된 조각배일 수도 있다. 항구를 떠나려는 많은 배는 각각의 목적지가 있다. 승선한 모든 이는 정도의 차이는 있지만 그 배의 운명에 참여한 것이다. 그들의 생명은 항로와 배의 목적지에 영향을 받는다. 바다 위에는 그 배 한 척만 있는 것은 아니다. 근처에는 항상 항해 중인 다른 선박이 있다. 선원들은 다른 많은 선박의 선원들과 잘 알고 지낸다. 항구에 정박할 때마다 그들은 서로 어울리며 정보와 가십을 주고받는다. 선원들은 모두 자신이 탄 배가 최선의 배인지를 저울질한다.

배는 섬이 아니다. 사회의 오염을 피하고 그 선원들이 다른 배로 옮겨 타고 싶은 유혹을 받지 않게 하려고 뭍이 아닌 곳에 정박을 지시한다면, 다들 불만이 가득할 것이다. 배는 유의미한 목적지로 가야 한다. 그렇지 않으면 선원들은 날마다 반복되는 지루한 일상을 그리 오래 견디지 못할 것이다. 단순히 휴양을 하거나 자신의 생존만을 구하는 것에는 어떤 설렘도 없다. 인생의 묘미는 생명의 장애물을 정복하는 것에 있다.

많은 아버지들 혹은 선장들은 실패를 두려워한다. 그래서 아무 데도 가지 않고 그저 다른 배의 영향권에서 멀어진 곳에 정박하려 한다. 격리된 배의 선원들은 난간에 선 채로 미지의 목적지로 향해 나아가는 다른 배를 선망의 눈으로 바라볼 것이다. 그들은 어딘가로 가고 있는 저 배를 타는 것이 분명 자신이 있는 이 정체된 평온보다는 훨씬 흥미로울 것이라고 생각한다. 뭔가 새로운 것을 마음에 그리고 있는 젊은 친구들을 아직 난간에 붙잡아 두고 있는 것은 두려움과 불안뿐이다. 하지만 언젠가는 위험을 감수하고, 지나가는 다른 배를 붙잡아 탈 만큼 수영할 수 있게 되는 날이 오고 말 것이다.

자녀가 배를 떠나 다른 항구로 가는 항로로 접어들지 않는 것은 자신이 탄 배가 엄청난 가능성을 제시하는 항구로 여행하고 있다는 확신 때문이다. 그들은 배의 이물에 서서 곧 당도하게 될 놀라운 신세계를 마음속에 그린다. 틀림없이 그들은 흥미진진한 비전과 앞으로 일어날 사건에서 활약하리라는 희망을 가지고 있다.

그들은 자신의 선장이 해 온 노력을 보면서 사명감이 생겼을 것이다. 또한 앞서간 이들을 통해 그들은 그러한 가치 있는 전통을 이어가야 함을 알고 있다. 그러할 때에만 일상의 단조롭고 버거운 부담으로 무너져 내리지 않고 그 항해의 고난을 다 견디어 낼 수 있기 때문이다.

자녀들은 자신이 항해에 참여한 것은 일차적으로는 다른 사람을 섬기는 수단이며, 그 배와 승선하고 있는 이들이 최종 목적은 아님을 알아야 한다. 자신의 삶을 헌신하게 하는 도덕적 잣대가 없으면 정신력과 불굴의 용기를 발휘하지 못한다. 다른 사람을 섬기면서 얻는 도덕적인 정의감이 후퇴를 받아들이지 않는 원동력이 된다. 그 원동력이 용기와 흔들리지 않는 인내심을 심어 준다.

배는 오락도 제공해야 한다. 그렇다고 오락을 목적으로 한 승객에 만족하는 선원은 없을 것이다. 배는 단순한 유람을 넘어서는 사명이 있어야 한다. 선원들은 화물 같은 신세가 되고 싶어 하지는 않을 것이다. 자신이 핵심 선원이라는 의식을 자녀의 머리에 확실히 심어 주면 그것은 나중에 혁명적인 생각으로 꽃 필 것이다. 언젠가 나도 배의 선장이 될 것이라는 꿈이 바로 그것이다.

그렇다. 그들은 일찌감치 배를 조종하는 법을 배워야 한다. 그리고 자신이 배의 선장이 되기 위한 훈련을 받고 있으며, 언젠가는 자신에게도 진짜 책임이 맡겨질 수 있다는 것을 알아야 한다.

자녀들은 때때로 영광과 승리를 맛보아야 한다. 기대감을 지니도록 하는 것이 '그들을 보호'하는 데 중대한 부분이다.

배에는 선원들의 안전을 보장하고 존경심을 유발하는 권위가 있어야 한다. 단호한 결단력과 자질을 갖춘 지도자의 부재와 무질서는 청년들이 불만을 갖도록 만든다. 배에는 존경받는 한 명의 권위자가 있어야 한다. 일등 항해사가 괴팍스럽고 존경받을 만하지 못하다면 선원들은 반란을 일으키거나 배를 버릴 것이다.

대부분 외로이 항해하는 것 같아 보이지만 그 배는 실은 대형 함대에 소속되어 있다는 사실을 선원 모두는 알고 있어야 한다. 배와 선원은 같은 목적지를 공유하는 함대의 다른 선박과 소통해야 한다. 그래야 선원들이 고립감에 빠지지 않는다.

승선한 모든 사람은 선장이 삶과 죽음을 결정하는 힘을 지닌 최고 사령관(하나님)에게 응답해야 할 위치에 있음을 알아야 한다. 선원들은 자신의 선장을 포함한 더 높은 권력을 두려워하는 것이 마땅하다.

선원의 존경을 받으려면 선장은 위엄과 성실 그리고 명예를 지켜 행동해야 한다. 그러면서도 선원들에게 언제나 다가가서 대화를 나눌 수 있어야 하며, 다른 누구보다 더 열심히 일하고 남들을 더 성실하게 섬기는 존재가 되어야 한다.

선장은 지휘관으로서의 자신의 역할을 무서워하지 않고, 필요하다면 선원들에게 훈육을 해야 한다.

함께 폭풍우를 이겨 내고 적대적인 상황을 극복하는 일은 결코 무시할 수 없는 경험이다. 그런 일을 통해 지휘관들과 선원들은 서로를 존경하며 한 마음이 될 것이다.

승선한 모든 사람이 책임감과 자긍심을 갖도록 배를 관리하는 것이 기본적으로 필요하다.

목적을 가지고 항해하라

앞선 비유의 세 번째 문단을 더 자세히 살펴보자. 그것은 이 주제의 요약이다.

자녀가 배에서 뛰어나가 다른 항구로 가는 배를 타지 않게 하려면 그들이 탄 배가 엄청난 가능성을 제공하는 항구로 가고 있다는 확신을 주어야 한다. 그들은 이물에 서서 자신이 항해하는 배가 새로운 세상으로 향하고 있다고 상상한다. 따라서 그들에게 앞으로 위대한 일을 해 낼 중요한 존재가 되리라는 희망을 주어야 한다.

아직은 미완성인 어린아이에게는 시험받지 않은 열정과 기대가 가득하다. 그들은 새로운 충동과 즐거움을 경험한다. 어린 시절 나에게 세상은 흥분과 경이가 가득한 곳이었다. 만 원짜리 입장권을 하나 사면 원하는 만큼 놀이기구를 얼마든지 탈 수 있는 놀이공원에 있는 아이 같았다. 열 살이 되자 나는 통닭 한 마리와 초콜릿 파이 두 개를 나 혼자 다 먹을 수 있기를, 그런 나를 아무도 저지하지 않기를 바랐다. 또한 향기를 맡고 만질 수 있는 내 여자친구가 있었으면 했다. 나는 항해할 배와 쏠 수 있는 총을 가지고 싶었다. 또한 어디든 가서 멋진 것들을 볼 수 있게 해 주는 트럭을 원했다. 나는 그림을 그리고 목재와 금속으로 건축물을 지을 꿈을 꾸었다. 나는 모든 것을 만지고 내 것으로 만들고 싶었다.

나이가 더 들자 나는 하나님이 나의 구주라는 것을 알게 되었고, 새로운 열정을 지니게 되었다. 나는 세상을 변화시키고 모든 사람을 올바르게 살게 하며 죄인을 그리스도에게로 회심시키는 일을 하고 싶었다. 열여덟 살이 되던 해 나는 우리 부모님과 교회 그리고 형제들을 변화시키고 싶었다. 여전히 향기를 맡고 만질 수 있는 여자친구를 원했지만, 그 즈음에는 나에게 말을 걸고 세상을 바꾸겠다는 내 생각을 들어줄 여자친구로 요구 조건이 추가되었다. 그때에는 파이는 두 조각 그리고 닭은 반 마리만 먹는 것으로 내 욕구는 줄어들었다. 이제 나는 닭도 두 조각만 먹고 파이는 그냥 지나친다. 나는 스물 다섯 살이 되었을 때 원하던 여자친구를 만났다. 그리고 지금도 그녀의 향기를 맡고 그녀를 만진다. 그녀는 내 생각을 듣고 나는 그녀의 생각을 듣는다. 우리는 다른 사람들에게 무엇이 필요한지 우리가 그들을 어떻게 도울 수 있는지에 관해 몇 시간이나 얘기를 나눈다. 우리는 세상을 바꾸지는 못했지만 하나님이 우리에게 주신 재능을 성실하게 사용하고 있다. 인생은 내가 상상했던 것 이상으로 훨씬 더 풍성했다. 나는 부모로서의 삶을 시작하던 아주 초기부터 이 삶에 대한 사랑을 내 자녀들에게 심어 주고자 했다.

당신에게는 이것이 인생을 오래 산 사람의 추억담으로 들릴지도 모르겠다. 어쩌면 그럴 수도 있지만 그래도 주의 깊게 들어주었으면 한다. 왜냐하면 한 조각의 생각에서 출발하여 아주 중요한 목적지를 향할 것이기 때문이다. 오늘 나는 만 세 살이 채 되지 않은 손녀 로라를 데리고 톱질을 하기 위해 제재소로 갔다. 로라는 고사리 손으로 도구를 잡고 껍질을 벗기는 데 집중했다. 껍질 한 조각이 떨어져 나가면 떨 듯이 좋아했다. 그 아이는 할아버지를 돕는 중이었다. 그 아이는 자신이 중요한 일을 하고 있다고 생각했다. 그 아이는 유람선의 승객이 아니라, 선원이었다. 집에 돌아오자 이번에는 할머니 차례였다. 할머니는 손녀를 그냥 놀이방에 보내지 않았다. 그리고 그 아이 자신도 우리가 준비해 두었던 큰 장난감 상자에 그다지 흥미를 보이지 않았다. 세탁기에 빨래를 넣고 설거지를 하며 바닥을 쓸고 할아버지를 위해 저녁식사를 준비하거나 할머니가 하고 있던 건설적인 집안일을 돕고 싶어 했다.

13살 소년

종종 우리 집으로 건너와 나와 함께 야외에서 일하는 한 이웃 소년이 있다. 그 아이는 열세 살짜리가 대부분 그렇듯 일하는 것 자체를 그다지 즐기지는 않는다. 어렵고 힘든 일을 하면 곧잘 지쳐 버린다. 하지만 내 옆에서 일할 때면 그 아이는 같은 어려운 일도 하루 종일 재미있게 한다. 그는 비쩍 말랐는 데다가 아직은 미성숙한 사춘기를 겪고 있다. 그 아이는 멋진 일들이 자신을 기다리고 있다고 상상한다. 바로 얼마 전에도 그는 이렇게 말했다. "결혼을 하고 싶어요." 그 말을 할 때는 전혀 주저함이 없었다. 마치 새 자전거를 갖고 싶다고 말하는 것 같았다. 그의 눈에는 갈망이, 그의 목소리에는 열정이 담겨 있었다.

그는 내 쿠보타 트랙터를 좋아한다. 특히 앞의 적재기를 작동할 때가 그렇다. 수작업을 하는 동안에도 눈은 언제나 그 트랙터에 가 있다. 그래서 나는 적어도 매 시간마다 도구를 집거나 통나무를 옮길 때 트랙터를 움직이게 해 준다면 지루한 일도 열심히 하게 만들 수 있다는 것을 알았다. 그는 엔진 톱과 예초기, 또는 전기 도구를 사용하는 것을 좋아한다. 그 아이는 또 내 빨간 트럭에 눈독을 들이고 있다. 물론 아직은 허락할 수 없다! 아직은 너무 산만하기 때문이다.

어린아이들을 값싼 노동력으로 사용해서는 안 된다. 누구나 배에 승선해 일을 하는 노예와 다름없는 존재가 되는 것을 기뻐하지 않는다. 때로는 약간의 감독 아래 스스로 항해하고 배를 조정할 수 있게 해야 한다. 나는 아이들이 기대감을 가지고 일할 수 있게 하지만 오랫동안 지루하게 두지 않는다. 만약 내가 톱밥을 치우는 일에서 그 열세 살 아이에게 삽질만 하게 하고 트랙터를 몰게 하지 않는다면 그는 곧 지루해할 것이다. 하지만 톱밥을 한 통 가득 채우게 한 다음 트랙터를 움직여서 그것을 쏟고 올 수 있게 한다면 겨우 50미터를 가더라도 그는 기꺼이 톱밥을 기계 밑에서 꺼내 트랙터 적재기에 싣고 가서 버리고 올 것이다. 자녀를 늘 차에 태우고 다니지 마라. 그들이 운전대를 잡을 수 있게 해야 한다. 심지어 손녀 로라도 내 무릎에 태우고 고사리 손을 운전대에 올리게 하면 자신이 트랙터를 움직이고 있다고 생각한다.

아이들이 할 수 있는 일에는 비단 트랙터를 움직이는 것만 있는 것은 아니다. 전기제품을 해체할 수 있는 도구를 주고 그 방법을 소년에게 가르쳐 보라(언젠가 그것들을 다시 조합할 수 있기를 희망하면서). 그러면 그는 자신이 탄 배를 사랑하게 될 것이다. 십대에게 일을 해서 용돈을 벌 수 있는 기회를 주라. 그리고 그 돈을 자신이 원하는 곳에 사용하게 하라. 그러면 그는 다른 사람이 부러워서 위험한 배 바깥으로 몸을 내놓지는 않을 것이다. 활력이 되는 경험을 당신의 자녀가 지속적으로 하게 하라. 그들은 다른 친구들이 탄 배를 동경하는 대신 자신이 탄 배의 선장이 없는 이들을 동정할 것이다. 그들은 절대 배를 떠나지 않는다. 왜냐하면 자신이 탄 배가 최고의 배이니까!

아이들에게는 이물에 서서 자신이 경험할 세상을 상상할 자유가 필요하다. 이 열세 살짜리 소년은 앞으로 하고 싶은 일들과 비전을 가지고 있다. 그는 언젠가 큰일을 하고 멋진 삶을 살고 싶어 한다. 그에게는 여러 역할 모델이 있겠지만 그중에서도 내가 그에게 특별한 사람이 되었으면 한다. 그에게는 존경하는 좋은 아버지가 있다. 그는 다른 배를 타고 있지만, 그 배는 우리 배와 같은 항로로 움직인다. 그의 아버지와 나는 같은 목적지를 향해 항해하는 중이다. 잠시 후면 우리는 만나게 될 것이다. 나는 그의 아버지가 그에게 가르치고 있는 가치를 강화시켜 주는 사람이다. 그는 자신의 미래에 희망이 있다는 확신을 키우는 중이다. 그의 꿈은 그의 아버지가 운항

하는 배 위에서 이루어지리라 믿는다. 이 소년은 자신이 탄 배가 그 꿈의 해변으로 자신을 데려갈 것이라는 확신을 지니고 있기에 배에서 뛰어내리지 않을 것이다.

열일곱 살 되는 자녀를 두고 있으면서 그를 그저 승객으로만 대우하고 유의미한 책임감을 실어 주거나 자녀의 의견에 귀를 기울여 스스로 실행하게 하지 않는다면, 그는 당신의 배에 탄 것에 만족하지 못할 것이다. 그는 이미 자신이 당신보다 더 똑똑하다고 생각한다. 그렇지 않다는 것을 증명할 수 있는 유일한 방법은 그가 틀렸다는 것을 인정할 때까지 그를 지켜보아 주는 것이다. 그리고 그가 실패했을 때 다시 시도하도록 용기를 주는 것이다. 절대, "내가 그럴 거라고 말했잖아."라고 빈정거리지 마라. 성장하기 위해서는 실패와 성공 그 모두를 겪어 보아야 한다. 인간은 실패를 경험해야만 뼈가 굳어진다. 당신이 옆에서 그의 노력을 도와주고 인도할 수 있다면 그것에 감사하라.

존중하라

우리 아들들이 십대 후반이 되었을 때였다. 나는 때로 그들이 내가 하던 '옛날식'보다 더 좋은 신선한 아이디어를 가지고 있는 것을 알게 되었다. 아버지가 자신의 자리에서 내려와서 아들이 옳음을 인정하는 첫 순간은 어느 것과도 비교할 수 없는 신뢰와 연합의 순간이다. 그 자녀는 당신이 그에게 처음으로 사냥총을 사 주었을 때보다 더 행복하고 만족해할 것이다. 그리고 당신은 그가 당신의 지혜를 더 존중하려는 마음을 가지고 있음을 발견하게 될 것이다.

　나는 아들들과 여러 문제에 관한 생각을 즐겨 토론했다. 대화의 주제는 정치, 철학, 과학, 전쟁, 성경, 인간성, 암석과 초목, 건축 등 그 어느 것이나 상관없었다. 생각나는 것이면 무엇이든지 그것에 관해 대화했다. 나는 그들의 의견을 존중했고, 그들과 생각이 일치하지 않을 때에도 마찬가지로 그러했다. 그들이 십대 중, 후반이 되자 나는 그들이 모든 것에서 나를 넘어서고 싶은 욕구가 자라고 있음을 보게 되었다. 어린 시절 마침내 내가 아버지를 이길 때까지 계속해서 아버지에게 팔씨름을 하자고 덤볐던 기억이 있다. 내가 진정으로 원했던 것은 단지 아버지를 이기고 싶은 것이 아니었다. 나는 아버지가 나를 존중해 주기를 바랐다. 내가 남자, 아버지와 같은 남자가 되었다는 사실을 인정받고 싶었던 것이다. 큰아들 가브리엘이 열아홉 살인가 스무 살 때 내게 레슬링 시합을 걸어 왔지만 내가 이겨서 큰아들을 모래 바닥에 처박았던 적이 있었다. 그때 나는 아직도 내가 힘이 있다는 생각에 만족스러웠었다. 하지만 이제는 아들을 이길 수 없을 것이다. 이제 나는 그가 더 강하다는 것을 인정한다. 아들 둘은 수학에서도 그렇다. 우리가 집을 지을 평면도를 그릴 때에는 아들들이 나보다 더 실력이 좋았다. 그 아이들이 평면도에서 잘못된 점을 찾다가 보면 하루가 금방 지나갔다.

나는 아이들의 특성, 그것도 사내아이들의 특성에 대해 말하고 있다. 우리 집 아들들은 내 어린 시절을 닮았다. 당신의 아들들도 그럴 것이다. 인정받고 존중받고자 하는 욕구는 소년들 내면에 내재한 것으로, 자녀가 사춘기를 지날 때에는 현명한 지도가 필요하다. 당신의 배에서 아들이 선장의 조수로 자신을 표출할 수 있다면 그리고 갑판 아래에서 매일 같은 일만 반복하지 않으리라는 희망을 보게 한다면, 그는 언젠가는 멋진 일을 하게 되리라는 기대를 갖고 살게 될 것이다.

자신의 아들이 통제력을 갖지 못하게 막아서는 부모들이 많다. 그것은 쓰나미에 저항하는 것과 다름없다. 정복하고 이끌고 통제하려는 소년의 욕구는 그의 세포 안에 있는, 필연적인 것이다. 열네 살 혹은 열다섯 살 소년 안에 있는 그 욕구를 부서 버린다면, 그리고 그가 계속해서 유순하고 착하기만 바란다면, 당신은 그가 남자로 자라지 못하게 막는 것이다. 그야말로 슬픈 일이 아닐 수 없다.

승객인가, 선원인가?

간단히 요점을 정리하면 이렇다. '선원이 아닌 승객으로 대할 때 그 자녀들은 자신이 탄 배에 만족하지 못한다.' 로라는 '걸림돌'이 아니다. 나는 앞서 말한 바 있는 열세 살 이웃 남자아이를 단순한 구경꾼으로 대하지 않는다. 그리고 학교 숙제해라, 조용해 해라, 또는 어른이 될 때까지 얌전히 있으라는 잔소리를 하지도 않는다. 그는 남자다. 그는 선원이다. 그 아이와 함께 있을 때 나는 그를 이용하려고 하지 않는다. 나는 그가 배의 선장이 되도록 훈련시키려 한다. 마치 아내가 손녀 로라를 아내이자 어머니가 되도록 훈련하는 것과 같다.

자신의 꿈이 이루어질 길이 보이는 청년들은 힘든 시기에도 그 과정을 잘 이겨낼 것이다. 그들은 자신을 믿어 주는 책임 있는 위치의 이들, 안내하는 이들, 그들의 꿈에 귀를 기울여 주고 성공하도록 격려하며 가르쳐 주는 이들을 신뢰할 것이다. 자녀에 대한 믿음은 감정도, 멋진 말잔치도 아니다. 그것은 책임감을 가지고 그들을 믿어 주는 것이다. 자녀가 자신이 성공해 낸 일로 스스로 기뻐한다면, 그것은 그 부모가 그 일을 가능하게 해 주었고 그의 옆에서 함께해 주었으며, 그를 격려해 주었기 때문이다. 또한 그의 작고 떨리는 손에 낚싯대를 쥐어 주었고, 뭔가를 만드는 방법과 도구를 사용하는 방법을 보여 주었으며, 열쇠를 주고, 하늘을 날 때와 땅 위에 버티고 설 때를 가르쳐 주었으며, 혼자 있을 때도 기뻐할 수 있기를 가르쳐 준 덕분이다. 그 자녀는 언제나 그런 선장이 있는 배에 있고자 할 것이다. 그는 자신이 타고 있는 그 배에 있기를 원할 것이며, 하나님이 만드시고 건설하신 새로운 도시로 항해하는 함대에 소속

되고 싶어 할 것이다.

남성의 지배 본능

하나님은 남자가 세상을 지배하고 다스리도록 창조하셨다.

"하나님이 이르시되 우리의 형상을 따라 우리의 모양대로 우리가 사람을 만들고 그들로 바다의 물고기와 하늘의 새와 가축과 온 땅과 땅에 기는 모든 것을 다스리게 하자 하시고 하나님이 자기 형상 곧 하나님의 형상대로 사람을 창조하시되 남자와 여자를 창조하시고 하나님이 그들에게 복을 주시며 하나님이 그들에게 이르시되 생육하고 번성하여 땅에 충만하라, 땅을 정복하라, 바다의 물고기와 하늘의 새와 땅에 움직이는 모든 생물을 다스리라 하시니라"(창 1:26-28). 또 시편 8장 1-6절과 히브리서 2장 7-8절을 찾아보라.

위 구절에 따르면 능력과 영광 안에서 세상을 다스리는 것은 남자의 본성이다. 정복하고 다스리는 것은 하나님의 본성인데 하나님은 남자에게 그러한 본성을 주셨다. 아들의 남성성이 커지는 것을 두고 어찌할 바 모르고 있는 어머니라면, 정복하고 다스리려 하는 것은 남자에게 나타나는 자연스러운 현상임을 알아야 한다. 하나님이 주신 남자의 본성이 요즘은 억제되고 있다. 많은 어머니가 이런 점을 전혀 알지 못한다. 그래서 예쁜 딸만 셋을 낳아 기르다가 늦둥이로 아들을 맞이하게 된 가정에서 종종 문제가 생긴다. 그런 엄마들은 자연스럽게 아들을 인성이나 기질 면에서 딸들과 같기를 기대한다. 아들을 순종적이고 민감하게 키우려는 노력은 대개 실패를 겪는다. 아들은 어머니를 거역하고 어머니를 이기려 할 것인데, 그것은 그의 본성이기 때문이다. 혹 이따금 그를 계집아이처럼 만드는 데 성공했다고 한다면, 그건 더 큰 실패가 아닐 수 없다.

아버지들은 놓아 주어야 한다

오늘날의 많은 아버지는 불안정하다. 그들은 자신이 무엇인가를 정복했다는 느낌을 받지 못하고 있다. 한 남자가 가장 뿌듯해할 정복의 대상은 그의 여자이다. 그녀가 그를 숭배한다면 그는 밖으로 나가 정복하고 왕국을 다스릴 것이지만, 그의 여자가 반역한다면 그는 만족하지 못하고 원망을 품으며 정복욕을 채우기 위해 무자비하고 이기적이 될 것이다. 그러한 아버지는 자기 아들의 지배욕을 제대로 성장시키지 못할 것이다. 그는 아들에게서 위협받는다고 느낀다. 아들이 아버지에게 도전하면 그 아버지는 그것을 자신에 대한 모욕으로 받아들인다. 성취감을 느끼지 못한 아버지는 필사적으로 정복하고 지배하려 한다. 그 아들이 네 살이나 여덟 살이 될 때까지는 아버지가 지배자가 될 수 있지만, 곧 그 작은 왕국은 독립을 추구할 것이며, 그는 그것을 자신에 대한 도전이라고 생각하고 감정적으로 받아들일 것이다. 그런 아버지가 원망과 반항의 십대를 만든다. 십대에 관한 영화는 대부분 반항적인 태도를 당연한 것으로 가정한다.

아버지가 자신에 대한 자부심이 있어야 자기 아들의 독립심이 자라는 것을 자랑스럽게 여길 수 있다. 나는 내 인생에서 가장 중요한 시기에 죽음을 맞이해서 내 자녀들이 다 성장하기도 전에 그들의 인생에 더 이상 영향력을 미칠 수 없을지도 모른다는 가능성을 염두에 두고 가정교육을 했다. 우리 아이들은 언제든지 살던 고향을 떠나야 할 수도 있다는 생각을 가지고 컸다. 나는 그 아이들이 아주 어릴 때부터 독립심을 가지고 스스로 설 수 있도록 가르쳤다. 나는 그들이 성경의 교리를 알고, 진화론의 허상을 이해하도록 했다.

교사의 가장 위대한 승리는 그 학생들이 그를 넘어서는 일이다. 최근 어느 칼 던지기 대회에 나간 적이 있다. 그 종목의 최고 기록 보유자가 자기가 가르친 학생이 자신을 이겼음을 자랑하는 것을 보았다. 어떤 아버지는 아들이 독립해서 자신의 배로 항해하는 것을 받아들이기 힘들어한다. 하지만 그 칼 던지기 전문가는 역시 교사로서도 챔피언이었다.

다시 말하지만, 당신의 자녀는 자신이 선장이 되도록 준비시켜 주는 최고의 배에 승선하고 있다고 느낄 수 있어야 한다. 그들은 언제나 도전을 받아야 하고 승리를 경험함으로써 자신이 가치 있는 존재라고 느껴야 한다.

다스리게 하라

부모는 자녀가 다스릴 수 있는 도구와 기회를 제공해야 한다. 하루는 힘든 일과를 마치고 난 후였다. 아들이 집 옆 바위 근처에 땅굴을 파고 싶다고 했다. 다른 친구 둘도 합세했다. 나이가 열 살에서 열네 살 사이의 소년 넷이 약 두 시간 만에 바위투성이 땅에 4.5미터 정도의 구덩이를 팠다. 그 작업은 간단한 것이 아니었다. 내가 만약 그 일을 시켰다면 아이들은 불만을 품고 며칠이나 툴툴 거렸을 것이다. 하지만 그들에게 목표가 생기니 그것은 일이 아니라 오히려 놀이가 되었다. 남자아이들을 이해하는가? 노아의 홍수 이래 일구어야 할 굳은 땅은 언제나 존재한다. 배워야 할 교훈도 필요하고, 정복하고 지배하며 섬겨야 할 땅도 필요하다. 아이들은 도전했고 이겨 냈다. 그들의 '트로피'가 된 땅굴은 아직도 그 자리에 있다. 그들은 그 일을 정복한 후 다시는 그 땅굴에 가지 않았다. 왜냐하면 땅굴은 그 이상 그들의 목적이 되지 못했으며, 그 아이들은 단순히 땅을 파는 것 자체에서 즐거움을 얻었기 때문이었다!

한 소년이 비비탄 총을 들고 하루 종일 작은 새를 쫓는다. 마침내 한 마리를 잡는다. 그는 그 새에서 가장 예쁘고 긴 깃털 하나를 뽑아서 자기 모자에 꽂고 다닌다.

나는 어렸을 때 집 가까이 있는 웅덩이에 달려가서 가재의 일종인 크롤피쉬를 잡곤 했다. 우리는 그것들을 '가재 아빠'라고 불렀었다. 그 웅덩이는 크기가 2.5미터, 깊이가 45센티미터 정도였다. 그곳에는 딱딱한 껍질과 멋있는 모습을 한 작은 생물이 가득했다. 여러 해를 걸쳐 나는 그놈들을 잡는 기술을 습득했다. 나는 그놈들을 통에 담고는 나를 존경스러운 눈으로 바라보는 친구들에게 자랑하러 나갔다. 다른 사람들이 만지기도 무서워하는 거대하고 빨간 크롤피쉬를 잡은 것은 큰 자랑거리였다. 친구들 모두 잡으려다 겁이 나서 실패한 그놈을 나는 조심스럽게 집어 들고는 모두가 볼 수 있게 눈높이로 들어 올렸다. 다른 친구의 찬사를 더 듣고 싶은 마음에 나는 다른 한 손으로 그놈을 건드리다가 손가락을 물리곤 했다.

아직 어린 십대였을 때 나는 독사를 잡아서 껍질을 벗겨 모자 장식으로 만들기도 했었다. 다른 남자아이들에게 나는 어떤 존재였겠는가!

이집트의 파라오가 건축한 피라미드야말로 지배자의 권력의 상징이요, 자신을 '내세우는' 기념물이었다. 그런가 하면 소녀들도 그들 안에는 지배하려는 욕구를 지니고 있다. 여자들은 가정을 세우는 자들이다. 그들은 곰을 사냥하는 데에는 관심이 없지만 세상의 한 면을 차지하고 그곳을 자신의 남자와 자녀를 위한 가정으로 삼는다. 내 딸들도 집짓기를 좋아했다. 숲속에서 통나무를 가져다가 쌓아서 집을 만들곤 했다. 남자아이들이 지은 나무집을 꾸미거나 헛간의 한쪽을 소꿉장난을 위한 자신들의 공간으로 바꾸어 놓기도 했다.

물리적인 세상은 남성에게 끊임없는 도전을 가해온다. 남자아이들은 토네이도를 따라다니면서 얼마나 가까이 갈 수 있는지 내기를 하거나 그런 자신의 모습을 자랑하기 위해 사진을 찍기도 한다. 남자들은 터지는 화산과 높은 산과 깊이를 알 수 없는 바다에 매료된다.

여름 방학 동안 우리 집에서 지냈던 러시아 소년 한 아이가 오늘 새 자전거를 받았다. 조금 전 그 아이는 심하게 무릎이 까져서 들어왔다. 자전거를 타고 현관에서 내달린 것이었다. 누구나 평지에서 자전거를 타는 것은 쉽다. 하지만 자전거를 타고 높은 곳에서 뛰어내려 넘어지지 않게 착지하는 것(희망사항)은 어렵다. 또한 이런 위험 부담에도 다음 번에는 더 높은 곳에서 시도하겠다고 마음먹는 것은 쉽지 않다. 중력의 법칙을 거부하고 정복하여 지배하는 그 스릴이란! 나는 그 아이가 다쳤음에도 아무 말도 하지 않았다. 그 아이는 어려운 일에 도전하기를 배우고 있는 중이다. 얼굴에 바람을 맞으며 자신의 힘과 한계를 발견하도록 하는 것이다. 유명한 발명가들은 이미 알려진 한계를 인정하지 않는 사람들이었다. 하나님이 그들에게 준 정복욕과 지배욕은 다른 사람들의 생각에 제한받지 않았다.

당신의 자녀가 행복하고 당신의 배에 타서 만족하도록 하려면, 그들의 정복욕이 잘 표출될 수 있게 해 주어야 한다. 그들은 그 이상이 아니라면 배에서 뛰어내리려 할 것이다. 선실에 세 달 된 아기를 데려가서 그 고사리 손을 타륜에 올려놓아 보라. 그리고 당신이 잠든 사이에 그가 그 배를 움직이는 모습을 상상해 보라.

3장

의욕이
살아나게
하라

펄 목사님께,

우리 가족은 삼형제였는데, 제가 집이란 배에서 뛰어내린 데는 목사님이 말씀하신 모든 이유가 다 포함되어 있었습니다. 우리 부모님은 위선적이셨으며 언니와 내게도 부모님을 닮으라고 하셨습니다. 우리 '방탕한 자매'가 그런 겉모습에 먹칠한 것을 빼고는, 우리 가족은 완벽히 바리새인 가정이었습니다. 교회 예배는 절대 빠지지 않았고, 늘 교회 일에 열심이었으며, 다른 이웃에게도 그리스도인임을 드러냈고, 안식일을 거룩〈집안에서 남들이 모르게 싸우거나 부모님께 학대를 받았던 것을 제외하면〉하게 지켰습니다. 장담하건대 다른 사람들은 아무도 우리가 그런 지경인지 몰랐을 겁니다. 동생이 마침내 집을 나가버렸을 때 나는 엄마 친구에게 우리 가족의 참모습을 말해 버렸습니다. 그녀는 나의 말을 믿지 않았습니다. 우리가 위선자의 역할을 너무 잘했기 때문이죠. 만약 남에게 우리 가족의 실상을 알렸다는 사실을 부모님이 알게 되면 그분들의 분노와 학대가 더 심해질까 두려웠기 때문에 그동안 말을 하지 않았을 뿐이었어요. 하나님께서 우리를 강하게 하셔서가 아니라 자존심 때문이었습니다.

내가 집을 나온 것은 두 가지 이유에서였습니다. 무엇보다 저는 집을 나오고 싶었습니다. 또 내가 어떻게 해도 우리 부모님은 나를 비난할 것이기 때문에 그분들이 나를 비난할 기회를 제공하는 것도 좋겠다 싶었죠. 내 마음 속 한편으로는 선한 목자를 알고자 하는 마음과 푸른 초장에 눕고 싶은 열망이 있었습니다. 나는 결코 우리 부모님 같은 바리새인은 되지 않겠다고 마음먹었기 때문에 배에서 뛰어내릴 수밖에 없었습니다. 도망쳐야만 했던 것이죠. 동생도 나와 마찬가지로 다른 선택의 여지가 없었습니다. 우리 부모님은 여전히 그것이 우리의 선택이었으므로 자신들은 그 결정에 아무런 잘못도 없다고 하십니다!

종교에 눈이 어두워지신 그분들은 우리를 올바르게 가르쳤다고 자신하시지만, 그 일은 뜻대로 되지 않았습니다. 물론 책임 일부는 우리에게 있긴 하지만요. 바로 지난주만 해도 부모님은 우리가 언젠가 당신들의 사고방식으로 돌아올 것이라고 장담

하셨어요.

저는 그리스도 안에서 발견한 그 은혜 안에 사는 것이 정말 좋아요! 내 아이들이 나를 사랑하며, 나와 남편이 서로 사랑하는 것이 좋습니다. 날마다 기쁨과 소망을 선택할 자유가 있는 것이 좋습니다.

나는 자녀들이 영광스러운 항해의 핵심 선원으로 참여하지 않으면 '반항'보다 더 큰 죄에 빠질 위험이 있다고 자신합니다. 그들은 곧잘 화를 내고 원망을 품으며 분개하는 인간이 되어, 쓰러지고 낙담하며 사랑받고자 하는 모든 시도를 무자비하게 짓밟게 되겠죠. 늘 맞기만 하던 집 나온 개는 먹이를 주려 해도 그 사람의 손을 문다고 합니다. 그가 얻은 경험은 온통 악한 일밖에는 없을 테니까요.

그렇습니다. 이 모든 것은 사랑입니다. 목사님의 말씀대로 이 모든 것은 기쁨입니다. 그리고 그런 것들은 어디에서 올까요? 예수님을 아는 것에서 오겠지요. 저는 제 부모님들이 진정으로 그분을 알게 되기를 바랍니다.

하나님이 목사님을 사용하셔서 많은 사람에게 복음을 전하게 하시니 참으로 감사합니다. 언젠가 제 아이들이 또한 주님을 알게 되기를 바라 마지않습니다.

좋은 자녀는 좋은 토양에서 자라난다

그렇다! 자녀들이 배를 떠나는 주된 이유는 부모가 항해를 제대로 해 내지 못하기 때문이다. 그 사실을 직면하는 것이 회복의 첫걸음이다. 제대로 훈육을 받는다면 그들은 올바른 길을 갈 것이다. 이제 당신은 훈련이 말과 엄포 이상의 것이며, 원칙과 계율 그 이상이라는 것을 알게 되었을 것이다. 부모가 좋은 본보기가 되지 않으면 아무리 옳은 말을 해도 소용없다. 행동이 말보다 더 큰 소리를 내기 때문이다.

부모 노릇은 그 사람의 진정한 성품을 가장 정확하게 테스트하는 시험대이다. 그것은 부모의 마음과 영혼 안에 담긴 모든 것의 원천을 보여 주고 숨은 것을 모두 나타낸다. 자녀들은 그 부모의 영혼을 그대로 드러낸다. 그들은 정교한 화면과 조심스럽게 다듬어진 공개적인 이미지 뒤에 숨은 마음을 실토한다. 부모들은 이미지를 조작하여 자신의 실체와는 전혀 다른 모습으로 남에게 보이도록 만들 수 있다. 하지만 자녀는 부모의 참된 자아의 창문이 되어, 종종 우리가 원하는 것보다 더 많이 그 창문을 열거나 때로는 전혀 원하지 않을 때에도 열어 버린다. 그 아이들은 숨겨진 부모의 모습을 찾아 드러내고는 부모라는 안내자가 가리키는 대로 따른다. 그들은 부모의 말이 아닌 부모의 중심을 모방한다. 만약 그 어머니가 하루를 '망쳤다'면, 그 자녀들의 하루도 모두 그러할 것이며, 그 아버지도 그날 저녁은 망치게 될 것이다. 그런 하루가 일주일이 되고 몇 달, 몇 년이 되어 결국에는 인생을 망치고 만다.

내면의 부흥을 경험하지 못하고 좋은 부모가 되기는 불가능하다. 복사는 불가능하다. 부모 노릇은 작업지시서를 그대로 지키고 시간을 채워서 일하면 자신이 할 몫을 다하는 일과는 다르다. 좋은 사람이 되지 않고는 좋은 부모가 될 수 없다. 자녀들은 민감해서 외면적으로 보이는 것에 속지 않는다. 부모가 내면의 변화를 겪을 때, 결국은 자연스럽게 좋은 부모가 된다. 순수한 삶을 사는 영혼은 좋은 자녀를 키우는 데 필요한 양육에 대한 지식을 많이 알 필요가 없다. 좋은 자녀는 좋은 부모라는 토양에서 자란다.

미국은 부흥이 필요하다. 기독교 교회에도 부흥이 필요하다. 홈 스쿨 가정에도 부흥이 필요하다. 대부분의 부모에게 부흥이 필요하다. 그 자녀들은 우리 부모가 내면부터 완전히 변화되는 부흥이 없을 때에는 이 소돔 같은 세상을 이기지 못할 것이다.

그렇다면 우리는 무엇을 할 수 있는가?

많은 사람이 편지를 보내왔는데, 그중 일부는 다소 짜증이 난 사람도 있다. 그들은 이렇게 편지를 써왔다. "좋아요. 문제를 인정하죠. 우리 애들은 거의 배에서 뛰어내릴 태세입니다. 내가 어떻게 해야 할지를 말해 주시죠. 현실적인 예를 좀 들어 달라고요." 그들은 핵심을 비껴간 것이다. '뭔가를 하는'(doing) 것이 답이 아니다. 답은 '어떤 사람이 되는가'(being)에 관한 것이다. 진지하라! 온 마음과 영혼과 힘과 정신을 다하여 하나님을 사랑하라. 그러면 주님의 기쁨이 당신의 잔을 흘러넘치게 하신다. 당신의 배우자와 다시 사랑하라(그것이 부흥의 첫 열매이다!). 그리고 자녀들 앞에서 서로를 아끼라! 성령께서 당신 안에서 자제력을 발휘하게 하시고 당신의 시간을 현명하게 사용하여 자녀들과 더 많은 시간을 갖도록 구하라. 그것은 관점의 문제요, 당신의 진실된 마음이 어디로 향해 있는지의 문제이다.

부모 노릇은 우주에서도 가장 많은 것이 요구되는 직업이다. 대기업의 CEO는 정해진 영역에서만 최고이면 되지만, 부모가 자녀에게 선한 영향력을 미치려면 많은 영역에서 전문성이 요구된다. 그리고 그 어떤 직업보다 영혼이 더 순수해야 한다.

거의 모든 사람이 부모에 대한 잘못된 개념을 가지고 있다. 하나님이 우리에게 아기를 허락하시기 전에 부모 자격시험을 치르게 하신다면 집 안에 아기 장난감을 둘 집이 몇 집 되지 못할 것이다. 부모가 되기를 배우기 위해서는 부모가 되는 것이 먼저이며, 불행히도 대부분은 자신의 자녀에게 좋은 부모가 되기를 배우기에는 너무 늦어 버린 듯하다. 자녀의 잠재력을 제한하는 대부분의 방해는 부모에 의한 것이며, 그 부모 자신의 두려움과 자아의 필요와 부주의에 뿌리를 두고 있다. 하지만 부모가 자신의 이기심과 비생산적인 습관에 의해 눈이 머는 경우가 종종 있다.

감사하게도 완벽한 인간이 되거나 좋은 부모가 되기 위해 특별한 지혜가 필요한 것은 아니다. 또 책에서 배우거나 '부모되기' 수업을 들어야 부모에게 필요한 모든 정보를 속속들이 알게 되는 것도 아니다. 우리는 부모가 되기 위해 학교를 다닐 필요가 없다. 우리에게 필요한 것은 진지하게(일관되게) 사랑하는 마음이다. 우리는 자녀들이 있는 그곳에 있으면 된다. 우리의 마음이 올바르다면 모든 것은 어떻게든 제자리를 잡을 것이다. 올바른 마음은 비뚤어진 정신의 상당 부분을 제자리로 돌려놓을 수 있다. 하지만 아무리 지식과 이해가 있다 해도 무관심을 메울 수는 없다. 진정한 사랑은 허다한 죄를 덮는다.

큰 희망

희망이 여기 있다. 이렇게 생각해 보자. 즉 부모로서 성공하기 위해 모든 것에 현명해질 필요는 없다. 그 다양한 상황에서 어떻게 모두 현명하게 대처하겠는가! 선한 마음과 적절한 태도를 지닌 부모에게 자녀는 긍정적으로 대답할 것이다. 사랑과 존중은 경험 부족과 무지가 남긴 빈 공간을 메워 준다.

자녀들은 그 부모가 남들에게 어떻게 보일까 염려하는 것보다 실제로는 자신을 더 사랑하고 있다고 알게 될 때 훨씬 더 좋은 반응을 보인다. 아이들은 어른이 생각하는 것보다 훨씬 더 자신의 부모에 대해 잘 안다. 때로는 부모가 알기를 원하지 않을 때도 그렇다. 당신은 자녀들에게 당신이 진정으로 그들에게 멋진 경험을 주고 싶어 한다는 것을 깨닫게 해 주어야 한다. 당신이 자녀에게 정서적인 에너지를 쏟고 있는 것을 보면 그들은 마음이 열려 그에 화답할 것이다. 또한 부모가 자녀의 삶을 위해 자신들의 것을 모두 투자하려는 마음을 보면서 그들은 감동을 받는다. 자녀 양육을 당신의 회사를 위해 일할 간부를 키우는 작업이라고 생각하라. 그 간부는 사장이 자리를 비울 때 그의 자리를 대신하는 사람이며, 당신이 더 이상 힘이 없을 때 당신 자리를 맡아 줄 사람이다. 자녀는 그 부모의 유업이며, 미래 세대를 맞을 사람이다. 공동의 목표를 향해 함께 일하면, 어떤 선한 노력도 파괴하며 가족을 괴롭히는 대개의 적대적인 관계가 해소된다.

다급히 자녀의 마음을 얻으려고 힘껏 노력해 봐야 그들은 감동받지 않는다. 오히려 작은 몸짓이 큰 신뢰를 쌓는다. 부모는 '자녀의 마음이 다치는' 정도까지 가지 말아야 한다. 언제나 사랑의 정신을 보여 주어야 신뢰의 분위기를 만들 수 있다.

존중과 존엄으로 대하라

이쯤 되면 독자는 '어떻게요?'라는 질문이 하고 싶어질 것이다. 자녀를 존중하라. 그들을 존중하면 당신이 마땅히 얻기 원하는 부모로서의 존엄함을 얻게 된다. 존중은 관념이 아니다. 그것은 각각의 행위가 쌓여서 결과적으로 드러나는 것이다. 부모가 그 자녀로 하여금 가정에서 동생들에게 긍정적인 영향력을 보이도록 하면, 자녀는 자신이 부모로부터 존중받고 있음을 알게 된다. 특별히 그들의 생각에 귀를 기울이라. 이 책을 읽는 정도의 진지함으로 그들을 대하고, 그들을 존중하고 있음을 증명하라. 그들에게 말을 걸고 그들의 말을 들으라. 가르치는 태도가 아닌 편안한 상태에서 부모의 세계관을 자녀와 나누라. 당신이 좋아하는 것에 대해 말하고 당신이 취약한 부분을 밝히라. 그들의 도움을 구하라. 교회에서나 직장에서 대인관계의 문제를 어떻게 해결할지와 같은 주제에 대해 그들의 의견을 구하라. 부모가 그들과 인격적으로 대화하고 그들이 자신의 의견이 존중받고 있다고 느낄 때, 그들은 부모를 따를 것이다. 말하고 들으라. 자녀들이 진짜 중요한 문제를 다룰 수 있기 전 한동안은 하찮게 보이는 이야기들을 들어주어야 할 때가 종종 있다. 절대 스스로 걸어와서, "부모님 조언이 필요해요."라고 하지 않는다. 그들은 중요한 문제를 가지고 물속으로 뛰어들기 전에 먼저 자신이 환영받을 것인지 물의 온도를 시험해 본다. 듣고, 또 들으라. 부모로서 최후까지 듣지 말아야 할 것이 바로 자녀들이 문밖에서, "제 말은 하나도 안 들으셨잖아요!"라고 외치는 말이다. 당신이 부모 역할에 충실했고 자녀를 사랑하고 있다는 것을 호소하고 싶은가? 나는 당신의 십대 자녀와 함께, "제 말은 하나도 안 들으셨잖아요!"라고 소리칠 것이다. 당신이 자신의 행동을 어떻게 생각하는지는 문제가 아니다. 당신의 의도를 당신이 어떻게 해석하는지도 문제가 아니다. 당신이 당면한 현실은 당신의 십대 자녀가 당신을 어떻게 보는가이다. 그들은 어떤 생각을 하는가? 그들은 당신에게 무슨 말을 했는가? 그게 바로 현실이다.

우리 부모들은 자녀의 빠른 변화에 적응하지 못한다. 자녀의 변화가 얼마나 중요한지 부모가 인식하기도 전에, 자녀는 부모의 인정과 존중을 원한다. 하루는 그냥 유치한 아이였지만, 다음 날이면 유치한 행동을 하면서도 어른과 동등하게 존중받고자 한다. 자녀가 정말 어른스러운 행동을 보일 때까지 부모가 어른의 세계에서 자녀를 차단시킨다면, 그들은 자신이 부당하게 대우받고 이해받지 못하고 있다고 느낀다. 스포츠에서 경기할 때에 아직 준비되어 있지 못한데도 불구하고 핵심적인 위치에서 게임을 시작할 수 있도록 배려해 줘야 하는 것과 같다. 십대들은 공을 제대로 맞추지도 못하거나 삼진 아웃을 당하면서도 끝내 야구 경기에 참가하고 싶어 한다. 실력을 갖출 때까지 벤치에만 앉아 있게 하면 그 아이는 다른 팀으로

가 버리거나, 자신에게 그다지 많은 요구를 하지 않는 저급한 삶을 사는 '팀원들'에 합류해 버릴 것이다.

절대 무시하지 마라

절대, 절대로 자녀의 노력을 과소평가하거나 그들의 인격을 하찮게 여기지 마라. 어떤 부모들의 양육 스타일을 보면 그 자녀를 무가치한 역할로 비하하거나 자녀에게 그런 역할만을 주는 것 같다. 그들은 자녀가 자신의 가치를 '일의 결과'로 증명할 책임이 있다고 잘못 믿고 있다. 감사하게도 하나님은 우리를 그런 식으로 다루지 않으신다. 그러니 부모인 당신도 자녀를 그렇게 대하지 마라! 부모의 역할은 감방의 간수가 아닌 친구로 바뀌어야 한다. 제자들에게 하셨던 예수님의 말씀을 기억하자. "이제부터는 너희를 종이라 하지 아니하리니 종은 주인이 하는 것을 알지 못함이라 너희를 친구라 하였노니 내가 내 아버지께 들은 것을 다 너희에게 알게 하였음이라"(요 15:15). 나를 믿어 주지 않는 사람을 위해서 성취를 이루어 내기는 힘들다. 그러나 내가 할 수 있다고 믿어 주는 사람, 그리고 내 실수와 단점을 참아 줄 사람을 위해서는 그의 기대에 맞추기 위해 죽도록 노력할 것이다.

다시 말하면 이런 식이다. 만약 한 아이가 잘못을 저지르거나 같은 실수를 되풀이하더라도 그 아이가 나쁜 아이라는 속임수에 넘어

가지 마라. 부모는 좋은 아이가 되려는 노력을 하라는 뜻으로 그렇게 야단치지만 그 아이를 나쁜 아이인 것처럼 다그친다면, 결과적으로 자신의 자녀를 나쁜 아이로 몰아가는 셈이다. 자녀에게 있는 좋은 점을 찾아서 말해 보라. 부모가 자녀를 '착한' 아들로 믿어 주면, 자녀는 그 믿음에서 오는 좋은 느낌으로 인해 나쁜 길로 빠지려는 유혹에 저항하게 되고 더 좋은 자녀가 되고 싶어 한다.

지시와 (지나친) 통제를 삼가라

어떤 부모는 너무 사소한 일에 연연해서 자녀의 표면적인 행동만 통제하려고 하지, 그들의 영혼을 준비시키지는 않는다. 그들은 강력한 규율로 어린 자녀를 부모의 말에 순종하게 하고 나가서는 올바르게 행동하도록 훈련시킨다. 그러나 이것이 자녀의 독립적인 의사 결정 능력과 품성을 길러 주지는 못한다. 부모는 아이가 어릴 때는 유아용 시트에 앉혔다가 조금 더 자라면 벨트를 묶어 휠체어에 태워 데리고 다니는데, 그러면 아이가 넘어져서 다리가 부러지는 일은 없을 것이다. 그러나 부모는 아이에게 뛰어가서 공을 잡게 할 수는 없을 것이고, 인생에서 쓴 맛을 보아 심하게 넘어지는 고통을 당하고도 다시 일어서는 법을 가르칠 수는 없을 것이다.

자녀는 부모의 보호와 지도를 받는 것에 만족하지 않는다. 부모가 자녀를 너무 꽉 쥐어 속박하면 그들은 마치 젖은 비누처럼 부모의 손에서 미끄러져 나갈 것이다.

자녀를 인생이라는 배의 선원으로 만들어 위험에 노출시키는 것은 부모로서는 심정적으로 힘든 일이다. 부모는 예고 없이 닥치는 파도와 미끄러운 갑판에서 자녀를 보호하고 싶어 한다. 그래도 그들에게 뱃멀미를 이기고 구명보트를 다루는 법을 가르쳐야 한다. 그렇지 않으면 자녀는 인생을 준비하지 못할 뿐만 아니라 전혀 행복하지 않은 승객이 될 뿐이다.

자녀가 약 만 두 살의 나이가 되면, 중요한 의사 결정을 할 때 자녀를 그 과정에 포함시키라. 당신과 함께 문제를 헤쳐 나갈 합리적인 이성을 길러 줄 방법을 찾으라. 문제를 토론하고 그에 따라 달라지는 다양한 시나리오를 설명하라. 홈스쿨은 영혼을 위한 학교이다. 홈스쿨은 인생을 위한 대학원 수준의 준비를 하게 한다. 엄마는 여섯 살이 된 린다에게 이렇게 말한다. "지금 읽고 있는 이 신문에서는 설탕을 먹으면 몸에 미생물이 자란다고 하는구나." 자녀에게 미생물의 감염 증상과 결과에 대해 쉬운 말로 설명하라. "설탕이 든 이 시리얼은 이제 먹지 말아야 할 것 같지 않니?" 부모는 마음의 결정을 이미 내렸지만 딸을 의사 결정의 과정에 포함시키려는 것이다. 그 딸이 스스로 그렇게 하는 것이 좋겠다고 동의하면 그 시리얼을 치워 버리는 것이 어렵지 않을 것이다. 설탕을 너무 많이 섭취하여 건강의 문제를 겪고 있는 주변 사람의 예를 든다면 자녀는 스스로 자제하는 법을 배우고 그에 따른 고통스러운 결정을 내리는 법을 알게 될 것이다. 이것이 바로 자녀의 품성을 기르는 것이고, 자녀를 존중하는 것이다.

당신이 열두 살 된 자녀를 두고 있는데, 평소에 품성을 기르는 의사 결정 과정에 참여시키지 않다가 갑자기 선택을 하도록 몰아간다면, 그 자녀가 자신에게도 건강을 지킬 책임이 있음을 부정하고 설탕을 선택하게 되더라도 놀라지 마라. 그러한 과정에는 시간이 필요하다. 자녀가 감당할 수 있는 정도로 점차 책임을 늘려 가며 길을 닦도록 하라.

일을 하게 하라

당신의 배에서 자녀를 행복하게 할 수 있는 것은 무엇일까? 그것은 그들에게 일을 가르치는 것이다. 가장 불행한 사람은 자신에게 맡겨진 책임이 없는 사람이다. 사람은 누군가 자신을 의지한다는 것을 느낄 때 가장 행복하다.

자녀에게 일을 가르치는 비밀은 그들이 즐기면서 할 수 있는 일부터 시작하는 것에 있다. 만약 그 아이에게 꼭 맞는 일이 없다면 다른 인센티브, 예를 들어 유대감(다른 사람과 함께 일하기)을 느끼게 하거나 짧은 시간에 끝낼 수 있는 간단한 일을 주어서 그 일을 하는 것이 즐겁도록 만들어 보라. 배에서 선장이 가장 먼저 관심을 가져야 하는 것은 선원의 사기이다. 상황이 낙관적이고 희망이 있을 때 그 배는 목표했던 항구에 도달할 것이다. 발을 질질 끌고 다니는 선원 여덟 명과 주도적인 선원 여덟 명이 있을 때의 차이를 생각해 보라. 그들의 사기가 어떠한지 관심을 쏟으라. 가족의 사기가 떨어졌을 때에는 절대 몰아치지 마라. 윽박지르면 두려움이 생겨서 겉으로는 말을 듣는 척 할 수는 있지만, 절대 생산성이나 만족을 가져오지는 못한다.

노예 같은 노동은 피하라. 나는 자녀마다 육체적이고 심리적인 피로도를 측정하여 절대 그 아이가 감내할 수 있는 수준 이상을 요구하지 않는다. 자녀가 노예 같다는 느낌을 갖지 않으면서도 일의 고통의 한계를 높여 가는 것이 기술이다. 일의 고통은 친구나 동료와 함께할 때 약화된다. 도전적이고 창조적인 일을 할 때 지루함은 줄어든다. 적절한 보상이 있는 일은 훨씬 더 견디기 쉬우며, 끝이 보이는 일은 훨씬 잘 참아 낼 수 있다. 생산적인 아이는 행복하다.

목적의식을 심어 주라

자신의 존재 목적을 분명히 인식할 때 가족의 사기는 하늘 높이 솟는다. 서로 말다툼하지 않고 노동의 희생을 받아들이며 협조하게 된다. 내 경험을 말해 본다면, 결혼한 지 얼마 되지 않은 신혼 때였다. 장인이 나를 불러 배관 공사를 하는 것을 도와달라고 하셨다.

그 배관 공사라는 것이 알고 보니 굳은 땅에 묻힌 정화조를 파내는 것이었다. 뜨거운 여름 열기 속에서 두 시간 동안을 60센티미터나 되는 깊이의 구멍을 삽으로 판 다음, 그 구멍을 넓히는 작업을 했다. 그런데 장인은 점잖게 서쪽으로 10미터 떨어진 곳을 더 파라고 하셨다. 다시 한 시간을 파고 나니 이번에는 다시 자리를 옮겨서 파자고 하셨다. 첫 번째 구덩이를 팔 때도 힘들었지만 곧 마칠 수 있고 목적이 있는 일이라고 생각했기에 불평 없이 견뎠었다. 사실 정화조를 찾는 작업에는 굴삭기를 갖춰야 했다. 장인이 나의 노동력을 남용했고 게다가 그 정화조의 위치가 어딘지 전혀 감도 없었다는 사실이 명백해지자, 나는 그 양반의 '비전'에 대해서 전혀 충성심이 생기지 않았다. 땅파기는 힘든 일이다. 게다가 목적이나 진전이 없는 땅파기라니! 받아들일 수 없었다. 나는 갑자기 다른 곳의 약속이 기억났다. 삽을 내려놓고 장인에게 굴삭기를 빌리라고 말했다.

그렇다! 바로 여기가 "나는 배에서 뛰어내렸다."라고 표현할 수 있는 지점이다. 만약 그곳이 내 집이었다면 나는 그런 힘든 일을 할 적절한 도구를 빌려 왔을 것이다. 게다가 장인은 직접 나서서 땅을 파지도 않았다. 그는 내가 일하는 모습을 지켜보면서 이래라저래라 명령만 내렸을 뿐이었다. 그런 식으로 내 시간과 에너지를 낭비하게 하는 것은 모욕적이었다. 그때 장인이 내가 그 일을 계속하게 만들었다면, 나는 그분을 '미워'했을 것이다. 내가 이 책을 쓰고 있는 지금 그분은 이미 팔십 세의 노인이 되셨지만, 한번은 그분에게 그때 그 지시는 형편없는 것이었다고 말해 줄 것이다. 이제는 그 일을 웃으면서 말할 수 있지만, 삼십오 년 전 8월의 더위 속에서는 전혀 웃을 수 없었다!

내 개인적인 이야기로 초점이 흐려지지 않았기를 바란다. 자녀는 자신의 노동이 가치 있다고 여겨서 즐겁게 할 수 있을 때는 부모를 위해 노력하지만, 부모가 자신의 권위를 남용해서 힘든 일을 시키려 한다면 발목에 매인 쇠사슬을 끊고 배에서 뛰어내리려 할 것이다.

지루하게 하지 마라

지루한 시간은 창조의 어머니다. 하지만 거기에 기회가 가미되지 않는다면, 바로 그것은 '악마의 공장'이 되거나 혼란한 감정이 들끓는 가마솥이 되기도 한다. 지루한 일이 장맛비처럼 계속될 때, 그것을 견디지 못한 자녀와 부모는 서로 다투게 되는데 그것은 약간의 흥분과 엔돌핀을 뇌에 주사하기 위한 자연스런 작용이다. 예를 들어 이런 식이다.

"그건 니 입 냄새와 못생긴 얼굴보다 심해."

"나 건드리지 마. 얘한테 나 건드리지 말라고 해 주세요."

"내 방에서 나가 줘."

"내가 그 의자 먼저 맡았거든."

"잠깐 엄마 좀 누워서 쉬고 싶으니, 너희들은 가서 TV나 보고 있어."

선장은 갑판의 선원들에게 먹고 자는 데는 충분한 시간을 허용하지만, 그들의 손을 놀리게 해서는 안 된다는 사실을 안다. 선장은 선원들에게 청소와 페인트칠을 하게 하고 또 뭔가를 수리하게 하고는 그 일을 되풀이하게 만든다. 지루함은 곰팡이가 젖은 나무를 썩게 하는 것과 같이 사기를 썩게 만든다.

지루함을 없애려면 사명에 대한 헌신이 있어야 한다. 간단히 말해서 자신이 해야 하는 일이 있거나 하고 싶은 일이 있을 때는 지루함이 가지고 오는 나태의 무서운 공격을 받지 않는다는 것이다.

지루한 사람들을 좋아하는 사람은 없다. 마찬가지로 그런 사람들은 스스로를 좋아하지도 않는다. 그들은 삶을 사랑하지 않는다. 지루한 아이들은 삐지기를 잘하고, 행복을 모르며, 자신을 비하하고, 감사가 없다. 그런 아이들에게는 호감이 가지 않는다.

자녀의 인생에서와 마찬가지로 당신의 인생도 지루함이 침투하지 않도록 만들 수 있다. 창조적인 일들을 설계하라. 필요하다면 시간별로 계획을 짤 수도 있다. 창조력의 도구가 되는 악기, 미술 도구, 크레용, 분필, 요리, 바느질, 정원가꾸기, 만들기, 기계 조립, 동물 돌보기, 허브 키우기, 독서 등 수천 가지 중에서 선택하라. 모든 것을 자녀와 함께 배우고 성장할 수 있는 기회로 삼으라. 그들에게 당신의 아이디어를 강요하지 마라. 그저 어떤 것이 그 아이에게 맞는지 살피고, 그 아이가 관심을 보이는 것이 생길 때까지 계속 실험하라. 사소한 것에라도 관심이 있는 편이 전혀 없는 것보다는 낫다. 당신의 딸이 인형 옷 모으기가 취미라면 그것에 함께 흥미를 보여 주고 중고품이나 소품 판매점에 들러 그 아이의 열정을 살려 주면서 수집품을 늘려 갈 수 있도록 도우라. 자녀들은 그런 프로젝트를 마치기 위해서라도 배에서 뛰어내리지 않을 것이다. 부모가 자녀가 좋아하는 것을 좋아하면, 그것으로 자녀는 부모를 사랑한다. 자녀를 위해 할 수 있는 최선 중의 하나는 그들의 창의력을 키워 주는 것이다.

열정을 북돋우라

가족구성원 간에는 열정적인 에너지가 끊임없이 흘러넘쳐야 한다. 에너지란 단순히 신진대사에 필요한 물질이라기보다는 태도의 문제다. 아이디어에 대한 열정은 에너지가 솟아나는 샘이다. 정신이 아이디어에 의해 흥분되면 몸은 그에 맞게 힘을 내게 된다. 병은 대부분 삶에 대한 무관심을 먹고 자라난다. 그냥 흘러가는 대로 인생을 사는 사람은 마치 심심한 아이들이 차고 노는, 길가에 버려진 깡통 신세같이 된다. 부모가 걷어차이는 깡통이라고 느끼면, 그 자녀도 마찬가지다. 건축자요, 창조자요, 행동가가 되라. 하나님은 창조주이시며, 그분의 형상으로 지음받은 우리도 창조자이다. 자녀들은 성장해야 한다. 그렇지 않으면 그들은 자신이 성장할 수 있는 더 재미있고 도전적인 곳으로 가 버릴 것이다.

열정은 삶에 대한 열의이다. 열정이란 내가 어떤 식으로든 생산적인 사람이 되겠다고 하는, 흔들리지 않는 믿음이다. 그것은 도전을 받아들이고 미지의 세계를 정복하기 위해 출발하는 것이다. 삶에 대한 당신의 열정을 당신의 자녀가 볼 수 있어야 한다. 그것은 전염성이 있다. 열정은 그 자체만으로도 기분을 좋게 하기에 자녀는 그런 열정적인 인생에 일부가 되고 싶어 할 것이다. 하나의 사건, 아니 열 개의 사건이라도 좋다. 모두 한 번에 하도록 해 보라. 어떤 일은 결코 다 끝내지 못할 수도 있을 테고, 어떤 것은 심지어 시작하지도 못할 수 있다. 하지만 때로는 무모한 것 같았던 아이디어들이 가족의 협력과 생산성에 기념비가 될 것이며, 자녀들은 절대 그 일을 잊지 않을 것이다.

보도가 낡아서 튀어나온 조약돌에 약간의 새 제품을 섞어서 예쁜 모양으로 재배치해 보라. 그 정도 일이라면 두 주 정도를 자녀와 함께 작업할 분량이 된다. 그들이 당신의 '노예 노동력'이 아니라는 점을 확실히 하라. 함께 일하고 그들이 창조적으로 작업하게 하라. 일의 방식이 조금 틀리더라도 또 일이 제대로 되지 못해도 상관없다. 시도하라.

수영장의 벽토를 새로 바르고 페인트를 칠하라. 우편함을 새로

설치하거나 우편함에 페인트를 칠하고 장식하라. 커튼을 만들 수도 있다. 바닥 교체 공사를 할 수도 있다. 열정과 재미는 동의어이다.

책임감을 키워라

자녀들에게 책임감을 키워 주지 않으면 행복을 느끼지 못할 것이다. 부모가 자녀에게 어떤 책임을 지운다는 것은 그 일처리가 완벽하지 못해도 용인하겠다는 의미이다. 세 살짜리 아이가 바닥을 쓸고 접시를 닦는 일을 완벽하게 하겠는가? 열 살짜리 소년이 스크린 도어에 페인트칠을 프로답게 잘하겠는가? 자녀는 트럭에 실린 볼링공들이 굴러다니는 것과 같다. 차가 출발하고 정차하거나 코너를 돌 때 공들은 서로 부딪히고 상처를 주기 마련이다.

우리와 같이 '성취된' 어른들, 특히 완벽주의라는 사단에 의해 조정받는 이들이 그 자녀를 프로젝트에 참여시키는 것은 어려운 일이다. 어른들은 일을 훨씬 더 잘할 수 있다. 모든 일을 완벽하게 하기를 바라는 마음을 내가 사단이라고 이름 붙인 이유가 있다. 왜냐하면 그런 완벽주의 습성이 있는 사람은 자신의 지시가 먼저이고 사람은 나중이기 때문이다. 완벽주의자는 '모든 것에는 자리가 있으니 모든 것을 그 자리에 놓으라'라는 자신의 요구를 존중하지 않는 사람에게 화를 내거나 스트레스를 받는 경우가 종종 있다. 완벽주의자는 자신을 동상으로 만들어 박물관에 전시할 만한 우월한 인물이라고 생각하는 이기주의자이다. 그들에게는 집에 아이들이 가득한 것이 전혀 기쁘지 않다.

모든 건축 공사는 소음과 먼지, 쓰레기를 만들어 낸다. 그것들은 공사가 진행되는 것에 대한 비용이다. 가정은 공사현장과 같다. 그곳에서 어린아이는 어른으로 조형되고, 어른은 어린아이를 섬기는 것이 온당하다.

어른과 어린아이의 차이점은 완전한 책임을 질 수 있는 능력이 있느냐 없느냐이다. 신체적으로는 어른이나 정서적으로 책임을 감당할 준비가 되지 않은 사람은 성인의 몸에 깃든 여린 영혼이다. 무책임하고 이기적인 소비자에서 성숙하고 책임감 있는 성인으로 자녀를 키워 내는 것이 우리 부모의 소명이다. 그 일이 자동적으로 되는 것은 아니다. 어린아이의 영혼에는 책임감을 키우고자 하는 내적 필요가 있다. 개인차가 있기는 하지만 신뢰를 받지 못하고 자란 사람은 담대하지 못하고, 권위를 인정하지 못하며, 한편으로는 자아혐오와 의기소침함이 자리하는 경향이 있다. 또 다른 한편으로는 약자를 괴롭히거나 성적인 문란함으로 기울기도 한다. 그 어떤 경우건, 그들의 삶은 뿌리 깊은 불만에 사로잡혀 배에서 뛰어내릴 때만 기다린다.

나는 홈스쿨을 했던 열여덟 살에서 서른 살까지의 청년들이 쓸모없는 어른이 된 경우를 여러 번 보았다. 그들은 신체적으로는 성장하였지만 그들의 사고력은 뇌에 이제 막 옮겨 심은 어린 나무 같았다. 몸과 마음이 순진하다고 아무도 그들이 좋은 품성을 가졌다고 생각지 않을 정도였다. 그들은 누군가가 자신에게 할 일을 지시해 주기를 기다리며 서 있다. 그들은 인터넷에서 만난 생면부지의 사람처럼 쉽게 신뢰하지 못할 사람들이다. 그들의 성장기에 주어진 책임이 없었기 때문이다.

먼저 당신의 자녀에게 동생을 살피고 감독하는 일부터 시키라. 내가 열 살짜리 자녀에게 여섯 살 된 남동생을 훈련시키도록 하라고 제안할 때 충격을 받는 부모라면, 그 자녀는 멀지 않은 장래에 배에서 뛰어내릴 것이다. 동생과 어울리기를 싫어하는 열여섯 살 여자아이를 보면 그 부모가 동생을 돌볼 책임을 주지 않았던 것임을 알 수 있다. 그 아이는 엄마가 다른 일로 바쁘면 동생이 누나나 언니인 자신의 말을 듣지 않는 것을 보고 동생에게 짜증을 낸다. 어린 동생은 언니 혹은 누나가 종이 호랑이라는 것을 안다. 그녀는 보는 눈과 불평할 입은 있지만 물어버릴 이빨이 없기 때문이다. 엄마는 심지어 그 누나나 언니로부터 동생을 '보호'하기까지 한다. 마치 그녀에게 문제가 있는 것처럼 대한다. 동생은 그녀가 엄마에게 대항하면 엄하게 야단을 맞을 것을 알기 때문에 미묘한 방식으로 그녀를 괴롭히는 법을 익힌다. 이 열여섯 짜리 여자아이는 어서 빨리 집을 나가서 이 '작은 악마들'에게서 벗어나고 싶을 뿐이다.

내가 한 이 말을 들은 부모들은 반박한다. "하지만 내 딸은 동생의 '엄마 노릇'을 할 만큼 성숙하지 못해요. 걔는 그 자신이 문제아이고 문제의 한 부분이에요." 나는 그 말에 이런 대답을 한다. "늘 듣던 말이군요." 내 충고를 들은 많은 부모는 집에 가서 동생들에게 그 누나나 오빠가 이제부터는 제2의 엄마나 아빠가 될 것이니 그 말에 순종해야 한다고 말했다. 심지어는 그들이 아주 어린, 다섯 살이 채 안 된 동생을 야단칠 수 있게 허용했다. 또한 동생이 누리던 약간의 특권도 좌우할 수 있는 권한도 주었다.

물론 여전히 부모가 최종적인 판단자가 됨은 모든 자녀가 인지해야 한다. 열여섯 살 아이는 잘못된 결정을 할 수 있다. 하지만 우리도 그렇지 않은가? 그런 실수는 학습의 과정이다.

많은 부모가 나중에 나에게 이런 증언을 하곤 한다. 뚱하고 반항적인 십대 자녀에게 그 동생을 감독하는 일을 맡겨 주자 그 책임을 매우 진지하게 받아들이고 동생을 공정하고 인자하게 다루기 위해 노력하는 지경에까지 자랐다고 한다. 그러자 며칠 만에 그 아이는 동생을 좋아하게 되고, 반대로 동생은 그 아이를 존경하게 되었다고 한다. 놀라운 부대효과도 얻었다. 그들 사이에 애정이 자란 것이다. 책임감은 우리 모두 안에서 최선을 요구하고 또 최선을 만들어 낸다. 그것은 마치 자석처럼 성숙을 향해 우리를 끌어당긴다.

큰 아이와 함께 자리에 앉아 동생을 어떻게 훈련하면 좋을지 그의 의견을 물으라. 귀를 기울여 그의 의견을 존중하라. 당신이 그의 좋은 아이디어를 사용할 것이며, 동생을 훈련하는 데 협조받기를 원한다는 것을 그에게 알려라. 그리고 그의 도움에 고마움을 표하라. 그는 물에 들어가기 전부터 수영하는 방법을 아는 사람이 될 것이다.

우리 인간은 본질적으로 언제나 더 높은 목적을 향해, 자신의 능력 이상의 것을 향해 뻗어 나가고 싶어 한다. 어떤 부분에서든 그런 발전을 하지 않으면 행복을 느끼지 못한다. 십대들이 감당할 수 있는 책임을 주고 한 걸음 물러나서 그들이 노력하도록 하라. 그들에게 허용된 변수들을 정해 주고 자유롭게 실험하게 하라. 물론 벌을 받을 염려를 하지 않도록 실수를 용인하라.

신뢰는 강력한 인센티브이다. 실수를 자인하고 비난받지 않으며 책임을 감당할 분위기를 조성하라. 그러면 그는 변명을 짜내는 자멸의 함정에 빠지지 않고, 자신의 성과를 향상시키기 위해 에너지를 사용할 수 있을 것이다. 결과가 탈출구를 용인하지 않을 경우에 아이들은 변명을 짜낸다. 같은 실수를 반복하지 않도록 경험을 가지고 새롭게 시작할 수 있는 자리를 제공하라.

권위에 대한 존중을 가르치라

권위는 삶의 한 요소이다. 그것은 진정 인간 본연의 특성이다. 권위 아래에서 창조된 우리는 법규의 한도 안에서 자유롭다. 하지만 우리는 정의와 질서를 대변하는 권위에 매인 존재이다. 로마서 13장에 따르면 세속적 권위까지 포함한 모든 합법적인 권위는 하나님으로부터 온다. 자녀는 부모가 위에 있는 권위를 존중하는 것을 지켜볼 때 그 부모의 권위를 존중한다. 위의 권위에 대해 부모가 부정할 때 부모의 권위는 아래로부터 부정되는 토양을 만든다. 대체로 권위에 대한 혐오는 계급의 이기심에서 솟아난다.

권력자의 위치가 악한 목적을 지닌 악한 사람에 의해 탈취당한 시기가 역사적으로 있었다. 그때는 반항심에서만이 아니라 인간 존엄에 대한 존중과 정의에 대한 충성심에서 '권위'는 도전받아야 했다. 부모가 권위에 대한 존중과 존경까지 지닌 것을 보아야 한다. 그리고 설혹 권위에 대한 도전이 필요한 때라 하여도 거기에 정당한 경계와 주의가 동반되고 있음을 그 부모에게서 볼 수 있어야 한다. 그래야만 같은 정도의 존중을 자녀로부터 받을 수 있다. 어머니는 아버지의 권위를 훼손하지 않으며, 동생은 부모의 권위를 무시하는 형제를 보지 않게 하는 것이 불문율이 되어야 한다. 마찬가지로 당신의 자녀가 부모가 속한 교회, 고용주, 혹은 상위 권위에 대해 반대되는 행동을 하는 것을 목격할 경우, 또 그들이 부모의 정책에 동의하지 않을 경우에는 부모인 당신을 지지하지 않을 자유가 있어야 한다.

권위에 대한 이러한 논술은 일반론이라는 사실을 잘 인지해야한다. 가족이 탄 배에 폭풍이 몰아쳐서 목적지가 흐려지고 모든 희망이 사라진 것처럼 보일 때도 있다. 그런 일이 생기면 상황이 개선되고 사기가 회복될 때까지 모든 사람이 자신의 자리를 지키는 것이 권위에 대한 존중이다. 충동적으로 배에서 뛰어내렸다가 금세 회복될 수 없는 시련을 당하고 나서야 비로소 자신이 성급하고 바보같은 실수를 했다고 인정하는 사람이 많다.

그에 더해서 부모들은 자신의 권위에 대한 존중과 신뢰를 이끌어 낼 삶을 살고 행동해야 한다. 성장하는 어린아이에게 존경스럽지 않은 권위를 존경하도록 요구할 아무런 이유가 없다. 존경할 만한 사람을 존경하게 교육하는 것도 어려운데 하물며 불쾌하고 악한자를 존경하기를 기대할 수 있겠는가.

기운을 북돋우라

사람에게는 의도한 일을 그 반대로 하고 싶어 하는 청개구리 심보가 있다. 일을 잘해 내지 못하는 직원을 고용하고 있다고 치자. 당신은 그 일을 사실대로 말하지 않고, 그를 괴롭히고 은근히 이곳저곳에 간섭해서 잔소리를 한다. 그에게는 다른 사람들만큼 친절하게대하지 않는다. 그와는 농담도 하지 않고 웃지도 않으면서 차갑게지낸다. 마치 그가 무슨 큰 죄를 진 사람 같다. 당신은 그가 그 이유를 알아채고 일을 잘하기를 바라고 있다. 하지만 오히려 그는 그런 비난에서 벗어나기 위해 회사를 그만둘 것이다. 아마 당신은 당신이 가한 그런 압박은 당연히 해야 할 일을 받아들이고 열심히 노력하도록 의도한 것이었다고 마음 한 구석으로 자위함으로써 자신의 행위를 정당화할 것이다. 그러나 그는 오직 당신을 기쁘게 하기 위해서 일을 더 잘하지는 않을 것이다. 왜냐하면 당신이 만들어 놓은 그 분위기 때문에 이미 그의 마음은 떠났기 때문이다. 그는 회사와 관련된 모든 것을 싫어하고 미워하며 거부감의 깊은 안개 속에서 마음이 소원해질 것이다. 어떤 경우에도 당신의 친구가 되진 않을 것이다. 사십 년이 지난 후 당신의 이름이 거론되거나 당신이 늙어 월마트에서 구부리고 있는 모습을 본다면 그는 당신이 불행하기를 바랄 것이다. 그렇다. 그의 성취가 형편없었기 때문에 당신은 그를 사람으로 대우하지 않았다. 실제로 당신은 그가 일의 성과를 높이는 데 필요한 정서적인 에너지를 앗아간 것이다. 당신은 그의 의욕을 박살내고 말았다.

당신의 고통에 공감이 간다. 과거에 내가 사람들을 대했던 방식을 생각하면 나도 얼굴이 붉어진다. 우리가 바보라서 그런가? 우리가 상처를 입히고 거부했던 사람들은 자신의 길을 갔다. 다시 그들을 볼 가능성은 별로 없을 것이고, 우리는 그들을 잊고 그들도 우리를 잊기 바란다. 또 우리는 그 상처가 어떤 식으로든 그들에게 흠으로 남지 않기를 바란다.

　이런 가슴 아픈 말을 하는 것은 인격적인 외과 수술을 하기 위한 준비이다. 살을 도려 내는 아픔에 대비하라. 당신의 자녀를 이와 유사한 방식으로 대한 적이 있는가? 그 아이를 닦아세우고 곁을 주지 않으면서 비난하고, 그 아이가 당신의 호의를 얻고 인정을 받고자 필요한 단계를 밟을 것이란 희망으로 그 아이를 인정하지 않은 적이 있지 않은가? 이전에도 여러 번 강연과 글로 했던 말이지만, "자신을 비난하는 자의 호의를 얻기 위해 비난이라는 짐 더미에서 빠져나올 사람은 없다." 당신의 자녀는 바로 아까 그 선원처럼 할 것이다. 그 아이는 기회가 오기만 하면 당신으로부터 도망가려 할 것이다. 상어가 기다리고 있어도 배에서 바다로 뛰어들 것이다. 날마다 조금씩 먹히느니 상어에 먹히는 편이 나을 테니까.

　당신도 기운을 북돋워 주는 사람과 같이 있으면 그것을 느낄 수 있다. 마찬가지로 당신을 보잘것없이 만들고, 당신이 틀렸음을 스스로 시인하게 만들며, 그들의 인정을 받기 위해 더 노력하게 만드는 사람의 숨은 의도를 느낄 때, 그것을 느낄 수 있다. 누구라도 그런 사람의 주변에 있고 싶지 않은 것은 인지상정이다. 그런 사람은 자신이 정의를 지키는 자의 사명을 하나님으로부터 받았다는 소명 의식이 출중하며, 당신이 자신의 사명 영역 안에 있다고 생각한다. 짜증나는 일이 아닐 수 없다. 생각해 보라. 우리의 자녀도 부모가 그런 식으로 자신을 대하는 것에는 마찬가지의 반응을 보일 것이다.

자녀가 내 명령에 순복하도록 만들기 위해 자녀의 자존감을 찢어 놓지 말고 그들을 일으켜 세워 주면 일일이 명령할 필요가 없어진다. 부모로서 그리고 주된 교육자로서 당신이 할 일은 그들이 스스로 잠재력을 펼칠 수 있는 분위기를 만들어 주는 것이다. 적절한 환경을 제공한다면, 그들이 무슨 일이든 해 낼 수 있는 능력을 지닌 것에 놀랄 것이다.

우리는 자녀가 더 크게 성장하도록 하기 위해, 단지 입에 발린 말만이 아니라 그들이 성장할 여유와 함께 실패했을 때 수치심이나 당황함 없이 다시 시도할 수 있도록 계속해서 충동하여야 한다. 자녀가 발전하고 성장하는 것을 도우면서 즐거워하는 부모를 보면 그 자녀는 형제들과 다른 사람에게도 당신이 하는 것과 똑같은 일을 하면서 즐거워할 것이다. 당신이 자신의 실패를 참아 주고 있다고 느끼면 그들은 당신의 실패에도 인내하게 될 것이다. 자녀들이 당신에게 차갑게 군다면 당신이 그들에게도 그와 같이 하고 있음이 거의 확실하다.

새로 시작하라

자녀를 양육할 때 당신의 천국행이 자녀의 선한 행동과 착한 태도에 달려 있는 것처럼 하라. 그렇다면 당신의 양육 점수는 몇 점이나 될 것인가? 현실을 있는 그대로 받아들일 준비가 되었는가? 자녀들에게 이렇게 질문하라. "너는 우리 집에서 가장 좋은 것이 무엇이니? 그리고 가장 싫은 것은 무엇이니? 너라면 어떻게 바꾸고 싶니?" 이런 질문을 하고 또 그에 대한 답을 하다 보면 당신 자신의 원칙과 태도를 점검할 수 있고 동시에 자녀를 지도할 때 자녀들이 당신의 목표와 동기를 이해하는 안목을 지니게 할 수 있다. 자녀의 말에 귀를 기울일 때 당신은 그들을 한 인간으로 더욱 존중하게 될 것이다. 또 그들은 자신의 의견과 관점이 존중되는 것을 알기에 불평 없이 당신의 원칙을 따를 것이다. 그들은 부모가 자신의 목표를 알아주고 그들이 그 목표에 도달할 수 있도록 도와줄 때 크게 감사할 것이다. 정보를 제공하고 목표를 명확히 하면 가족이 창조성을 가지고 성장할 수 있다. 그러한 정보를 지닌 자녀는 성공할 것이지만 그렇지 못한 자녀는 정체될 것이다. 소망과 꿈을 지닌 자녀는 자신이 하고 있는 일이 그 꿈과 소망에 왜 중요하며 어떻게 큰 그림에 연결할 것인지를 안다. 가족 중의 한 사람이 그런 상태에 있으면 다른 가족들 모두에게 전달된다. 하나님의 의도는 부모들이 낙관론자가 되도록 하는 것이다. 왜냐하면 그래야 자녀들이 미래에 자신을 위한 소망이 있다는 것을 알게 될 것이기 때문이다. 낙관론이 자녀의 정신을 물들게 한다면 당신과 그들의 장래에 큰 보상을 받게 될 것이다.

회개하라, 그렇지 않으면 자녀가 쇠약해지는 것을 보게 될 것이다.

이 책을 쓰는 나에게는 심리치료사보다는 설교자나 예언자의 본성이 더 많다는 것을 시인한다. 나는 당신이 자신에 대해 좋은 감정을 지니도록 만들려고 이 책을 쓰는 것이 아니다. 내 목표는 당신을 격려하는 것이 아니라 당신의 잘못을 알려 주고 하나님 앞에서 회개하도록 요청하는 것이다. 이 글을 읽고 적어도 하나 이상의 도움이 되는 원칙이나 기술을 배우고 그것을 자녀의 훈련에 성공적으로 적용한다면 나는 정말 기쁘겠다. 하지만 그렇지 않더라도 단지 회개하고 나사렛 예수의 제자가 된다면, 오직 하나님의 성령에 사로잡히기만 한다면, 당신은 언제나 당신을 가르치는 분을 소유하게 될 것이며, 자녀와의 관계와 당신의 삶에 급진적이고 혁신적인 변화를 일으키는 분을 얻게 될 것이다. 그러므로 이 방법 외에는 나에게는 달리 어찌할 도리가 없다.

4장

오락거리를
제공하라

"일만 하고 놀지 않으면 우둔한 사람이 된다."라는 유명한 속담이 있다. "놀지 않으면" 그 아이는 자신이 타고 있는 배에 매우 불만을 가질 것이며, 다른 사람들이 적당한 나이가 되면 재미있게 지내는 것을 보고 그런 재미를 얻기 위해서 배에서 뛰어내릴 생각을 할 것이다. 당신의 자녀가 지나가는 다른 배들을 동경의 눈빛으로 쳐다보게 만들고 싶지 않다면, 그들에게 기분 전환과 오락을 제공하여야 할 것이다. 어린아이들에게 그냥 맡겨만 놓으면 오락을 남용하기 십상이다. 그들은 피노키오처럼 '즐거움의 섬'(Pleasure Island)을 만끽하려 할 것이다. 그렇지만 그런 위험에도 불구하고 여전히 아이들은 어른들과 마찬가지로 즐거운 놀이에 빠질 당당한 감정적 필요가 있다.

절제력 있는 성숙한 어른은 생산적인 삶을 좋아하고 오락적인 놀이는 분명 부차적인 것이지만, 어린아이는 놀기 위해 산다.("어렸을 때, 나는 어린아이처럼 생각했다.") 어린아이는 훈련을 통해 압박받지 않으면 절대 일하지 않는다. 인생의 첫 이십 년 동안 그들은 하루 종일 노는 인생에서 하루 종일 일하는 인생으로 진화한다. 그들의 놀이 형태는 급격히 변화한다. 십오 년이란 기간 동안 그들은 바닥에 떨어진 것은 모조리 주워 먹는 아기에서 오토바이 경주나 국제 체스 대회에 나가는 어른으로 성장한다. 부모들이 그 자녀의 기호의 변화를 따라잡기란 무척 어렵다. 이제 나는 하나님이 왜 젊은 부부에게는 자녀를 주시고 늙은 우리 부부에게는 자녀를 주시지 않는지 잘 안다. 어린아이의 변화와 커져 가는 필요를 채워 주려면 엄청난 에너지가 필요하다.

적절한 오락을 제공할 열쇠는 자녀가 건전한 재미에 푹 빠져 있는 것을 보면서 '온전히 즐겨야' 한다는 점이다. 어린아이는 언제나 뭔가를 밀고 당기며 노는 것을 좋아한다. 그들은 단순한 것, 예를 들면 가파른 언덕을 판자조각 하나 타고 내려가거나 얼음 위에서 썰매를 타는 것과 같은 흥분을 좋아한다. 어린아이는 아주 어릴 때부터 굴러가는 것을 좋아해서 결국에는 '내 자동차'를 사달라고 조른다. 나는 플라스틱 장난감 차 위에 아이를 태우고 밀어 주다가 나중에는 그가 스스로 자신의 발로 밀어서 탈 수 있게 가르친다. 금방 그는 세발자전거에서 두발자전거로 옮겨 간다. 보조바퀴를 떼어 처음으로 자전거를 탈 때 아이들이 느꼈던 그 스릴감을 기억하는가? 롤러스케이트, 스케이트보드 또 스키를 배워 가면서 얼마나 좋아하던가? 속도가 빠르면 빠를수록 더 좋아하지 않던가?

내가 어렸을 때에 우리 아버지는 오래된 자동차 바퀴와 축 그리고 자투리 판자로 썰매를 만들어 주셨다. 잔디깎기 기계의 바퀴는 최고의 재료였다. 여덟 살이 되자 다른 이웃 녀석들과 함께 '고우 카트'라고 불렀던, 모터는 달려 있지 않지만 네 바퀴와 좌석 하나 그리고 바퀴를 조정할 수 있는 썰매를 만들곤 했다. 아버지는 밝은 색 페인트가 담긴 통을 가져다 주셨고, 우리는 근방에서 가장 튀는 색으로 놀이용 카트를 칠하곤 했다. 그러고는 자동차가 자주 다니지 않는 언덕에 올라가 한 사람이 타면 다른 한 사람이 힘껏 밀어 주곤 했다. 그러면 누구의 카트가 가장 빠르게 가는지 내기를 하면서 언덕 아래로 신나게 달려 내려갔다. 맞다, 여러 번 부서지고 때로는 길에 얼굴을 박기도 했다. 카트들은 웅덩이에 처박히거나 서로 부딪혀 뒤집히기도 했다. 하지만 그것이 주는 '도전과 흥분'은 재미있다고 느끼게 하는 주된 요인이었다.

우리 부모님은 자신들이 할 역할을 잘해 내셨다. 아버지는 재료를 가져다주셨고, 때로는 설계할 때부터 어떻게 하면 놀이용 카트를 더 잘 만들 수 있을지 제안해 주셨다. 어머니는 내가 페인트를 칠할 때 적절한 칭찬을 해 주셨다. 할머니는 우리가 하는 경주를 보는 것을 좋아하셨고, 특히 카트가 서로 부딪히는 순간을 좋아하셨다. 마침내 아버지가 우리의 걸작품인 카트에 올라 앉으셔서 시범으로 자신을 밀어 보라고 하실 때는 흥분이 절정에 달했다. 아버지가 긴장해서 뻣뻣이 경직되어 겁을 내며 앉으신 모습을 보면 우리는 '엄청난' 성취감을 느꼈다.

자라서 결혼해 아이가 생긴 후, 나는 폭스의 비틀 자동차로 새롭게 디자인해 만든 레일 카트의 승객용 좌석에 늙으신 아버지를 태워 드렸다. 아버지를 제트 비행기의 안전선으로 띠를 매게 한 다음 빙 돌렸다. 물론 뒤집힐 위험은 당연히 있었다. 아버지는 무서워 겁에 질리셨고 나는 그게 재미있었다. 또 내가 언덕에 올라 약 2미터 정도를 날아오르면 아버지가 비명을 질러 대시는데 정말 우스웠다. 적어도 나는 그랬다. 잠시 후 반대로 아버지가 운전대에 앉으시면 내가 아버지한테 그랬던 것처럼 이번에는 내가 겁에 질렸다. 아버지가 웅덩이에 처박혀서 온몸이 폭삭 젖었어도 우리는 그날 엄청나게 웃었다.

시간은 흘렀고 장난감도 바뀌었지만, 어린아이의 속성은 여전하다. 그들에게는 도전과 흥분을 향한 내면의 필요가 있다. 그들은 높은 나무에 올라가거나 높은 곳에서 점프를 한다. 그러다가 나중에는 가족의 자동차가 얼마나 빨리 달리는지 알고 싶어 한다. 어린아이는 위험하며, 항상 그래 왔다. 하지만 그들에게 위험은 그 자체가 재미이다. 우리 어른은 할 수 있다면 그들이 우리 눈앞에서 너무 빨리 사라지기 전에 그들에게 자제심과 주의력을 키워 줘야 한다. 그들은 놀이를 즐길 것이고, 결국 모든 것에서 흥분요소를 찾게 될 것이다. 열 살짜리가 계단 꼭대기로 올라가는 것이나, 열 살짜리가 소방탑에 올라가는 것이나 스무 살짜리가 행글라이딩을 하는 것이나 모두 똑같다.

여자아이의 놀이

처음에 여자아이는 남자아이와 같이 논다. 흥분을 찾는 정도가 약간 적을 뿐이다. 그들은 말과 자전거 타기를 즐긴다. 하지만 소꿉장난도 좋아한다. 한 살이 된 아주 어린아이에 이르기까지 여자아이는 소꿉놀이와 엄마놀이를 즐겨 한다. 내 아내가 하루는 열 살 된 그레이시에게 60센티미터가 넘는 빗자루를 사다 주었다. 딸은 '바닥쓸기 놀이'를 하면서 재미있게 시간을 보냈다. 갓 세 살이 된 로라 로즈에게는 작은 소꿉 그릇 세트가 있다. 그 아이는 모든 사람에게 차를 주고 마시게 하면서 한 시간 이상을 논다. 딸들이 여섯 살이 되자 그 아이들은 뭔가를 만들어, 사람들이 자신의 그 맛있는 음식에 흠뻑 빠져들게 만들고 싶어 했다. 나는 아이들이 그런 시도를 하는 것을 좋아한다. 비록 한 입 맛있게 먹는 척하고는 안 보이게 살짝 뱉어야 했지만 말이다.

자녀들의 사소한 놀이에 싫증을 내고 아이들을 습관적으로 옆으로 밀치는 부모는 그 자녀의 마음을 잃게 된다. 자녀들에게 노는 시간을 허용하는 것만으로는 충분치 않다. 당신은 자신의 시간을 '희생'하여 자녀와 함께 놀 시간을 만들어야 한다. 아이들이 그네를 탈 때 항상 놀이터에 같이 나가 있어야 하는 것은 아니다. 다만 당신이 부엌 창에서라도 지켜보고 있다는 것을 그들이 느낄 수 있어야 한다. 가끔 하던 일을 멈추고 밖으로 나가 그들을 보면서 웃어 주고 그들의 능력에 '놀라워'하는 일을 해 주면 된다.

나는 우리 애들을 키울 때에 가능한 한 가장 흥분되는 오락거리를 찾으려 했다. 실제로 아이들이 그런 흥분거리를 찾도록 자극하기도 했다. 나는 그들이 자전거를 타고 점프하도록 도와주었다. 또 웅덩이 위에 그네를 걸쳐 주고 더 높이 솟아오르도록 했으며, 다이빙 보드에서 어려운 다이빙을 하도록 격려했다. 아이들을 스케이트장에 데려가서 아이스링크 경주를 펼치기도 했다. 멤피스에는 일 년에 겨우 한두 번 눈이 내린다. 그럴 때면 나는 하던 일을 모두 멈추고 아이들과 놀았다. 우리는 썰매를 만들어서 가장 높은 언덕으로 갔다. 급경사의 커브를 통과할 때에도 최고의 속도를 내고 마침내 제대로 밑으로 내려가기까지 시간을 '쌓았다.' 우리는 격렬하게 서로의 성공을 축하하면서 자랑스러워했다.

때로 나는 아들들을 늪으로 데리고 가 뱀을 잡아 죽이거나 자루에 가득 차도록 물고기를 잡았다. 우리는 화살로 엄청 큰 물고기를 잡기도 했다. '알려지지 않은' 낯선 지역을 탐험하는 것도 우리가 즐겨 하던 일이었다. 나는 아들들과 야구를 하면서 팀에 속해서 창피를 당하지 않을 정도로 훈련을 시켰다. 하지만 그것도 그들에게는 한 시즌이면 족했다. 우리 애들은 야외활동, 나와 함께 외부로 나가 공터에서 칼 던지기를 하는 것과 같은 활동을 훨씬 더 즐겼다.

우리에게는 아이들이 수영할 수 있는 연못이 있었지만 아이들은 혼자서 수영하는 것에는 금방 질려 했기 때문에 나에게 함께 놀자고 조르곤 했다. 내가 연못으로 향하면 들떠서 좋아했고, 아직 연못에 들어가지 않은 아이들도 달려 들어왔다. 그 아이들은 내가 새로운 차원의 재미를 보태 줄 것을 알고 있었다. 비록 내가 하는 일이란 것은 단지 지켜보다가 아이들이 물속에서 새로운 스턴트를 시도할 때 크게 웃어 주는 것뿐일지라도 말이다.

이성교제

자녀가 아주 어렸을 때에는 부모가 자녀와 함께 놀아 주는 것이 중요하다. 하지만 오락에서 가장 중요한 시기는 자녀들이 십대 청소년기에 접어들었을 때이다. 약 열다섯 살 정도가 되면 그들의 친구 관계가 오락의 중요한 한 부분이 되며, 많은 경우에 그것이 주요 관심사가 되기도 한다. 친구들과 어울리는 사회생활은 잘못하면 매우 부정적인 영향을 미칠 수 있다. 그렇기에 부모는 자녀의 친구 관계를 걱정한다. 많은 부모가 자라나고 있는 십대들을 다른 친구들로부터 완전하게 떼어놓으려는 실수를 하는 것도 이 때문이다. 자녀가 신체적으로나 도덕적으로 어떤 바보 같고 파괴적인 일을 하지 못하게 하려는 의도이다.

우리 집 아이들이 십대에 접어들었을 때 나는 뒷마당에 배구 네트를 설치하고 다른 가족들을 초대해서 게임판을 벌였다. 그중에는 비슷한 나이 또래의 남자아이와 여자아이들이 있었고, 그들은 서로 함께 어울렸다. 그들이 지내는 모습을 우리는 항상 지켜보았다. 그들은 자연스럽게 이성 또래들과 사귀었으며, 현대 사회의 흔한 데이트 패턴에 의존하지 않아도 되었다.

나는 십대들의 이성교제에 대해서 상당히 솔직해지려 한다. 자녀들이 사춘기를 지날 때에, 특히 남자아이들은 이성교제에 온통 마음을 빼앗기게 된다. 그들은 공상의 세계 속에 살기 시작한다. 부모는 그것을 막을 수 없다. 그것은 절대적으로 자연스러운 일이며, 멋지고 놀라운 일이다. 그것은 결혼하고 자녀를 낳기를 원하도록 만든 하나님의 설계이다. 더 나아가 성적인 충동은 남성에게는 가장 강력한 유혹이라는 점도 신의 설계에 의한 것이다. 그러한 충동은 자제심이 길러지는 토대요, 성품을 기르는 궁극적인 시험이다. 이 중심축 하나를 기준으로 한 청년이 파괴되어 이후로 다시 회복하지 못하거나 아니면 강한 성품으로 성장하여 자신의 그릇을 정결과 성화 안에서 간직하게 된다.

여자아이들은 처음에는 성적 충동에 사로잡히지는 않지만 로맨틱한 열정을 지닌다. 그러한 열망은 하나님이 주신 것으로 원래는 소중하게 여기는 남자에 의해 채워져야 할 것이나 종종 부도덕한 남성의 야수적인 욕망의 제물이 되기도 한다. 여자아이들은 남자의 관심에 너무 쉽게 중독되거나 그들의 눈길을 얻기 위해 자신을 값싸게 만들어 버리기도 한다. 불행한 가정에서 자란 여자아이들은 자신에게 팔을 벌려 주는 남자라면 누구라도 가리지 않고 배에서 뛰어내리려고 한다.

많은 부모가 자신의 자녀를 격리시켜서 보호하려는 데에는 그만한 이유가 있다는 것은 충분히 이해한다. 하지만, 그들의 마음에서 일어나는 상상과 열정에서 그들을 떼어놓을 수는 없다. 청소년기에 도달한 자녀에게는 다른 일에 집중할 수 있도록 돕는 것이 좋다. 남자아이에게는 힘든 일과 놀이에 빠지게 하라. 그들은 자신의 남성 호르몬을 그곳에 상당 부분 사용할 것이다. "게으른 정신은 악마의 놀이터이다."라는 말은 허튼 소리가 아니다. 게으른 몸도 마찬가지로 악마의 놀이터가 된다.

핵심 열쇠

지금 우리는 십대 자녀를 위하여 안전한 사교생활을 제공하려는 중대한 문제를 다루고 있다. 여기에 까다롭지만 도움이 되는 열쇠가 있다. 불길처럼 타오르는 자녀의 열정에 이성교제라는 예방 주사를 조심해서 접종하는 것이다. 아이들은 자신이 항해하고 있는 현재의 경로에서 자기가 가장 절실하게 느끼는 필요가 채워지지 않으리라 생각하면 배에서 뛰어내릴 것이다. 만약 당신이 계속해서 아들에게 여자아이를 만나지 못하도록 당신의 배에서 격리하려고만 하면, 그 아이는 결국에 갑판을 내려갈 것이다. 일단 그렇게 되고 나면 다시는 그 자녀가 추구하는 길에 대해 어떤 말도 할 수 없다. 그러므로 부모는 자녀의 장래욕구를 충족시킬 사회생활을 제공해야 한다. 자신이 탄 배가 정박할 항구에서 멋진 남자와 예쁜 여자가 탄 배를 만날 수도 있다는 희망을 볼 수 있는 청소년이라면 좀 더 참을성 있게 기다릴 것이다.

대부분의 경우에 자녀들은 자신이 성장한 환경의 범위 안에서 만난 누군가와 결혼한다. 그들은 부모가 알아차리기 전부터 누군가를 마음속에 찜하고 있다. 그 마음이 수시로 바뀌기도 하겠지만 그들은 언제나 장래의 배우자를 마음속으로 상상한다. 자기가 속한 사회 범위 밖에 있는 다른 사람과 결혼하게 될 가능성도 있지만, 대개 청소년들은 13, 14살 많아야 15살 정도 되는 또래(부모가 제공하는)

를 만나면서 배우자상이 생긴다.

하나님이 제공하시고 질서를 세우신 자연적 충동이 성경의 원리를 가르쳐서 억제된다고 생각한다면 당신은 종교 세계에 갇힌 사람이다! 성경적 교훈과 성품 형성에 대해서는 나중에 다시 말하려 한다.

공동체 생활

이상적이라고 생각할지도 모르지만, 가족은 같은 성경적 가치관과 세계관을 공유하는 비슷한 가정의 공동체에 속하는 것이 좋다. 만약 열여섯 살 된 아들이 주변에서 마음에 드는 여자친구를 만난다면 그는 기꺼이 계속 당신의 배에 머물면서 그 공동체가 인정하는 기준 안에서 결혼의 기회를 기다리는 희생을 할 것이다. 바로 그렇다. 이 문장을 다시 읽으라. 그는 '기꺼이 그 공동체가 인정하는 기준 안에서 결혼의 기회를 기다리는 희생을 할 것이다. 그 공동체는 자제력보다 훨씬 더 강하고 확실한 통제력을 행사하는 요인이 된다.' 공동체는 한 사람이 지닌 소신보다 더 강한 힘을 지닌다. 아직 구원받지 않았고 개인적 소신도 없는 청소년이라도 그 공동체의 가치가 마음 속(혹은 육체적으로) 깊은 열망을 만족시키는 것이라면 그 가치를 받아들일 것이다.

당신의 자녀가 배에서 뛰어내리지 않기를 원한다면 장래의 적절한 배우자를 찾을 수 있는 가능성이 있는 공동체 생활을 제공하라. 당신이 속한 공동체가 너무 좁고 자기 의만 강조한다면 자녀들은 자신의 삶의 나머지를 그 공동체에서 보내고 싶지 않다는 성급한 결정을 내리게 될지도 모른다. 그들은 더 흥미롭고 친근해 보이는 다른 배의 갑판을 곁눈질할 것이다. 일단 아이들이 공동체가 제공하는 자연적인 절제 요인들을 벗어나면 이제 그들에게 남아 있는 것이란 자신이 지닌 지혜와 자제력뿐이다. 대개 그러한 것들은 십대의 호기심을 억누르기에 충분치 못하거나, 설혹 '그리스도인'이라 하더라도 어리석고 유감스러운 일을 막기에 충분치 못할 것이다.

공동체를 확장하라

공동체라는 말이 전통적인 '작은 마을'이나 친구와 친척만을 말하는 것은 아니다. 공동체가 반드시 한 마음으로 같은 교회에 다니거나 복음성가나 정치적 연설을 들은 후에 공원에 함께 가는 사이일 필요는 없다. 그렇다면 물론 정말 좋기는 하겠지만, 대부분의 경우 그런 이상적인 환경은 더 이상 존재하지 않는다. 혹 회복한다고 해도 큰 노력과 희생을 치러야 할 것이다.

당신의 가족이 속한 교회와 공동체가 너무 작다면 십대 자녀들이 이성교제를 할 기회가 별로 없을지도 모르겠다. 그렇다면 공동체를 확장하여 자녀들이 배우자를 찾을 대상 그룹을 확대하는 것으로 자녀가 배에서 뛰어내리는 사태를 면하게 할 수 있다. 당신이 그런 상황에 처해 있다면 어떻게 공동체를 확장할 것인지 즉각적으로 관심을 기울여야 한다. 그 방법은 사춘기의 자녀와 함께 여행을 떠나 적당한 연령대의 자녀가 있는 다른 가족을 방문하는 것이다. 캠프나 성경대회 혹은 같은 가치관을 지닌 그리스도인들의 모임에 참가하라. 당신의 가족은 다른 친구 가정의 자녀들과 어울리며 적절한 배우자를 찾도록 느슨하게 연결되어야 한다. 적어도 일 년에 한두 번은 짝을 찾을 수 있는 다른 가족을 만나는 것만으로도 꿈꾸는 젊은이들에게 희망을 줄 수 있다. 십대들이 어떤 특별한 배우자에 대해 꿈을 키우기 시작하면 그들의 삶은 더욱 안정되는 효과를 가져온다. 그들은 자신이 중요하다고 느끼는 가치를 지지해 줄 강한 인센티브를 지니게 되는 셈이다.

그리스도인 부모는 하나님이 천국에서 창조하신 바로 그 사람을 자신의 배우자로 맞이하기 위해 인내가 필요함을 자녀에게 가르쳐야 한다. 선교지나 다른 곳의 전임 사역자로서 자신의 인생을 하나님을 위해 살기로 헌신한 몇몇 자녀에게 그러한 가르침은 의심할 여지없는 진실이다. 그들은 그 가르침을 신뢰하고 참을성 있게 기다릴 것이다.

하지만 신앙의 깊이를 아직 경험해 보지 못한 보통의 청소년이라면 하늘에서 어떤 특별한 짝이 자신의 팔에 떨어지도록 삼십 년을 가만히 기다리는 그런 믿음이 있지는 못하다.

최근 어떤 분에게서 받은 편지에는 스물여덟 살 된 딸이 배에서 뛰어내려 수치스러운 과거와 세 자녀를 둔 나이 많은 이혼남과 결혼했다는 내용이 적혀 있었다. 그 딸은 이성교제 '가능성'의 범위가 자꾸만 줄어든다고 느끼더니 사랑을 할 희망을 잃어버렸다. 그리고 어리석게도 자기 배의 선장과 가족을 멀리하였다. 고독하고 희망 없는 삶을 향한 항해를 계속하기보다는 상어 밥이 되는 쪽을 택한 것이다. 부모는 나이가 찬 자녀와 청년들에게 희망을 보여 주어야 한다. 자신과 비슷한 환경의 짝을 만날 수 있도록 교제를 허락해야 한다.

자녀들이 자제력을 기르고 인내해야 하며 그 부모와 교회 어른들의 조언에 귀 기울여야 한다는 주장이 있는 것은 사실이다. 나 또한 그들이 거룩하고 현명하게 하나님의 뜻을 가장 우선순위로 구해야 한다는 것에 동의한다. 하지만 그런 지혜로운 청년은 소수이며, 사실상 다수의 사람은 기다리지 못하고 결혼하는 것이 현실이다. 자녀의 결혼에 대한 기준을 너무 높게 잡지 마라. 그들은 좌절하고 포기해 버릴지 모른다. 그렇다면 당신은 사춘기의 자녀에게 영적이고 분별 있는 믿음의 거인이 될 가능성을 제공하지 못하는 큰 실수를 저지르게 된다. 결혼은 대개 아는 사람 중에서 선택한 대상과 하게 되는데, 그 배우자는 부모가 기뻐하는 사람이 될 수도 있고 인터넷 채팅방에서 만난 누군가가 될 수도 있다.

하나님은 당신을 당신 배의 선장으로 선택하셨다. 당신은 배의 선원들에게 지시를 내릴 권위가 있다. 그러나 항해하던 많은 배에서 선원들이 낙담하여 배를 버리거나 더 나쁘게는 반란을 일으키는 사태가 일어날 수 있다는 것을 기억하라. 자녀에게 공동체를 제공하라. 당신이 수행해야 할 자녀 양육의 마지막 과제에서 성공하라. 자녀에게 적절한 이성교제를 할 수 있는 공동체를 제공하는 부모라면 그 자녀들이 하나님의 거룩한 씨앗이 될 목적지에 무사히 상륙하는 모습을 행복하게 지켜볼 수 있을 것이다. 그들에게 희망을 주라. 그러면 자녀들은 당신이 자신들에게 투자한 그 시간과 기도에 걸맞은 평생의 반려자에게로 자신들을 안전하게 인도할 때까지 당신의 배에 머무를 것이다.

도시에 거주한다면

그렇다면 대도시 아파트에 사는 사람은 어떻게 해야 하는가? 그런 사람도 여전히 믿음의 공동체를 만날 수 있다. 하지만 노력 없이 우연히 이루어지지는 않는다. 현명한 판단과 주의 깊은 통제력을 발휘해야 한다. 비슷한 신앙과 소신을 지닌 사람을 적극적으로 찾아보고 그들과 연합할 기회를 만들어야 한다. 도시의 교회에서는 자녀가 적당한 공동체 생활을 할 만한 교회를 찾기가 힘들다. 교회는 문으로 들어오는 사람이라면 누구든지 받아들이며, 또한 마땅히 그래야 한다. 하지만 십대 자녀를 위한 적절한 공동체를 제공하려면 어떤 가족과는 어울리지 않을 자유도 행사하는 것이 좋다. 지혜롭게 선택하여야 한다. 아무런 생각 없이 당신 가족과 사귀고 싶어 하는 가족을 모두 받아들인다면 그것은 마치 당신의 자녀를 개에게 던져 주는 것과 같다. 자녀의 인생에 최악의 영향력을 미칠 수도 있기 때문이다. 선과 악의 판단을 유보하거나 악한 사람들에게서 멀어지는 용기를 보여 주지 않으면, 당신의 자녀는 당신의 그 유약한 태도로 위험에 빠지게 된다. 거룩하지 않은 사람과 어울리는 자리에는 가지 않겠다고, 단호하게 거절하는 어법을 배우라. '다음에 하기로 하지요.' 따위의 애매한 말로 오해를 사지 않도록 하라.

"아뇨. 우리는 가고 싶지 않습니다."

"아뇨. 우리 아이들은 더 나은 선택을 해야 합니다."

"아뇨. 그건 우리가 생각하는 재미가 아닙니다."

"아뇨. 우리 가족은 어울리지 않는 것이 더 좋겠습니다. 당신의 자녀와는 공통점이 없다는 것이 제 확신입니다."

그들이 당신을 '위선자', '자기 의에 찬 사람', '고립주의자'라고 부르지 않을까? 그렇다. 그들은 그렇게 부를 것이며, 더 나쁜 반응을 보일 수도 있다. 하지만 소돔과 같은 현대 도시에서 사는 사람은 세상의 유행에 추종하며 사는 것과 자신의 의지대로 사는 것 중에서 하나를 선택해야 한다. 또한 그러한 선택에서 나타난 손해를 감수해야 한다. 교회에서 혹은 거주하는 도시에서 진정으로 믿는 자들의 의로운 공동체를 선택하고 그 경계를 지키는 일은 쉬운 일이 아니다. 그래도 많은 가족이 성공적으로 그 과제를 해 내고 있음도 사실이다. 만일에 치명적인 바이러스가 세상을 휩쓸고 있다면 그 바이러스로부터 자신의 가족을 도피시킨다고 해서 비난할 사람은 없을 것이다. 오늘날 세상을 감염시키고 있는 죄라는 질병은 얼마나 더 무서운가! 다만 자녀들이 고립감을 느끼지 않도록 뜻을 같이하는 다른 가족과 공동체를 형성해야 한다. 핵심은 사회생활을 금하지 말고 당신의 세계관에 합치하는 믿는 자들과 교제해야 하는 것이다. 하나님은 당신과 같은 가족들을 많이 예비해 놓으셨다.

5장

성품
기르기

독자 중 한 분이 우리 아이에게 다음과 같은 질문을 하였다. "당신이 세상을 극복하도록 당신의 아버지는 어떤 노력을 하셨습니까?" 여기 내 딸 레베카가 어떤 답변을 했는지 읽어 보라.

자녀를 보호하라

(레베카 조이 아네스트)

아버지는 죄에 대해 그리고 하나님이 죄를 얼마나 미워하시는지에 대해 솔직하게 설명해 주셨어요. 그래서 우리는 아버지가 옆에 없을 때도 세상에서 죄의 문제를 어떻게 다루어야 할지 확신할 수 있었죠. 내가 여덟 살이던 하루는 우편함에 편지가 왔는지 확인하러 나갔어요. 그런데 우편함 근처 바닥에 하얀색 표지로 된 잡지 하나가 떨어져 있었죠. 나는 집배원이 우편물을 배달하다가 떨어트린 것인 줄 알고 가서 그 잡지를 집어 들었어요. 잡지의 한가운데가 펼쳐졌는데 한 삼 초 동안 나는 내 앞에 펼쳐진 적나라한 포르노 장면에 놀라고 무서워 멍하니 서 있었습니다. 그 순간 아버지가 그 전에 우리에게 말씀하셨던 내용이 내 머릿속에 번개같이 스쳤습니다.

또 한번은 가족들과 멤피스의 시내를 가는데 반은 벗은 여자가 분홍색 양복을 입은 남자에게 괴롭힘을 당하며 매를 맞고 있었어요.

"저 여자는 매춘부고," 아버지가 말해 주셨어요. "저 남자는 포주, 저 여자를 고용한 사람이고. 저 여자는 자기 몸을 탐욕스러운 남자에게 팔아서 상납하고 또 그 돈으로 마약을 사기도 해. 하나님은 매춘과 포르노를 싫어하신단다. 그런 일들은 생명과 가족을 파괴하는 것이기도 하지." 우리는 그 남자와 여자가 네온사인이 켜 있고 창문이 막혀 있는 빌딩 안으로 비틀거리며 들어가는 모습을 겁에 질려 바라보았어요.

"포르노가 뭔지 아니?" 아버지는 계속 말씀을 이어가셨죠. 나는 아직도 방금 본 장면의 충격을 떨치지 못하고 아버지를 보았죠. "남자와 여자의 벗은 몸을 찍은 사진을 포르노라고 해. 그리고 다른 것들도 있지만 차마 너희에게 말해 주고 싶은 않은 것들이야."

"왜 사람들은 벗은 자신의 몸을 다른 사람이 찍게 허락할까요?"

우리가 물었다.

"그 사람들은 대부분 어릴 때에 친척, 형제 친구 혹은 전혀 모르는 사람에게 성폭행을 당한 경우가 많아. 그들에게는 자아존중감이 없어. 자신을 가치 없이 여기기 때문에 자신의 몸을 지키지 않는 거야. 그래서 그들은 돈을 벌기 위해 다른 여성과 아이들을 학대하는 무가치한 남자들을 위해 자신의 신체를 팔게 된단다." 우리는 침을 꿀꺽 삼키고 몸을 부르르 떨었다.

"하나님은 그런 죄를 미워하신단다. 이스라엘 백성이 가나안으로 갔을 때 여호수아에게 그곳의 모든 사람을 죽이라고 하셨지. 왜냐하면 그들이 모두 성적 범죄에 물들어 있었기 때문이었어. 하나님은 어린아이 한 명이라도 상하게 한다면 당신의 진노를 받는 것보다는 연자 맷돌을 목에 걸고 바다에 빠지는 것이 낫다고 말씀하셨단다." 우리는 모두 고개를 끄덕이며 그런 악에는 적절한 죗값이라고 생각했다.

"포르노를 보게 되면 쳐다보지 말고 얼른 피하도록 해. 그렇지 않으면 그 장면이 너희 머릿속에 남아서 이후로도 너희를 괴롭히게 될 거야. 그것들을 둘둘 말아서 태워 버리거나 다른 사람이 보지 못하도록 없애 버리렴. 그리고 아무도 믿어서는 안 된다. 삼촌이나 사촌이라도 그런 말을 하거나 혹시라도 너희를 만지려고 하면 소리를 크게 질러. 그 다음에는 도망쳐서 사람들에게 알리렴. 그 사람이 진짜 나쁜 사람인지 아닌지 알아보려고 기다리면서 그들을 정중하게 대할 필요는 없단다. 뭔가 잘못됐다고 느끼는 순간 그 사람에게서 도망가야 한다." 아버지는 우리의 몸과 마음을 보호할 수 있도록 자세한 지시를 내려 주셨어요. 아버지의 이 모든 말씀이 그 포르노 잡지가 내 손에 들려진 순간 떠올랐죠. 내 안에서 의로운 분노가 차올랐고 나는 가능한 작게 그 잡지를 말아서 집으로 가져갔어요. 그것을 바로 아버지에게 가져가서 말씀드렸죠. 우리는 그것을 불에 넣어 태웠는데, 나는 이 세상의 작은 악 한 조각을 없앤 것에 살짝 만족감을 느꼈어요.

동생들이 열 살, 열두 살이 되었을 때 숲에서 나무에 붙어 있는 포르노를 발견했는데 어떤 고약한 사냥꾼이 아미쉬(미국 펜실바니아 주 소재의 기독교 공동체로 현대문명을 거부하는 것으로 유명하다-역주) 아이들을 골려 줄 심산으로 일부러 나무에 붙여 놓은 것 같았어요. 동생들은 그 나무에 다가가서 포르노들을 떼어 내어 동그랗게 말아서 가방에 집어넣고 집으로 달려왔죠.

만약 아버지가 우리에게 그런 말을 해 주지 않았다면 포르노를 접하게 되었을 때 우리가 어떤 반응을 했을지 가끔 궁금하기도 합니다. 포르노를 만들고 소비하는 사람들이 어떤 사람인지 우리가 알지 못했다면, 그리고 하나님이 그에 관해 어떻게 생각하시는지 알지 못했다면 어땠을까요? 아버지는 우리에게 '만약 포르노를 보게 된다면'이라고 하시지 않고 '포르노를 보게 될 때'라고 말씀하셨어요. 아버지는 세상이 너무 타락해서 우리를 전적으로 거기에서 지킬 방법이 없다는 것을 아시고 우리 스스로가 그러한 타락을 다룰 준비를 시켜 주신 것이죠. 내가 그 잡지를 집어 들었을 때 미리 들었던 포르노에 관한 아버지의 말씀이 없었더라면, 아마도 내 호기심 때문에 그 잡지를 들춰 보고 내 양심을 지키지 못하지 않았을까요? 그렇게 되면 나는 죄의식에 사로잡혀 부모님께 내가 발견한 그것들을 사실대로 고백하지 못했을 거예요. 그 잡지는 어떻게 했을까요? 감추어 두었다가 동생들과 함께 보았을까요? 그것까진 잘 모르겠네요. 하지만 그날 내가 가지고 있던 지식 덕분에 나는 내 자유와 안전을 지킬 수 있었죠. 아버지가 그런 가르침을 주신 것에 대해 하나님께 감사합니다.

열네 살 때였어요. 우리 형제들과 동네 친구들은 집 근처에 있는 개울에서 수영을 하고 있었어요. 그 아이들은 우리 형제들과 나이가 같은 열네 살, 열두 살 그리고 열 살이었죠. 자동차 한 대가 우리가 수영하고 있는 개울 가까이로 왔는데 그 운전자는 창문을 내리고 음흉한 눈초리로 우리를 쳐다보았어요. 동생 가베는 그가 변태성욕자일지도 모른다고 말했죠. 그러자 열네 살 된 친구가 호기심 많은 눈으로 '변태성욕자'가 뭐냐고 물었죠. 동생은 '그거 있잖아.'라고 대답했지만, 그 아이는 잘 모른다는 듯이 고개를 저었어요. 그러자 가베는 '성폭행범'이라고 다시 말했죠.

지금도 나는 그 남자아이의 얼굴 표정을 기억합니다. 그건 놀람이나 호기심의 표정이 아니었어요. 그것은 '세상에 그런 말이 다 있어? 넌 그런 말을 어떻게 알았어? 다른 사람도 그런 말을 알아?'라고 말하는 듯한 표정이었죠. 그날 우리 친구가 받았을 충격을 생각하면 안타까워요. 그 아이는 세상의 진실에 대해 준비가 되어 있지 않았고 아무런 경고도 받지 못했던 것이죠. 그런 상태에서 그가 부딪히게 될 일들을 생각하면….

한번은 기름을 넣으려고 아버지와 함께 주유소에 갔을 때의 일이었어요. 그 주유소에 포르노가 걸려 있는 걸 본 아버지는 카운터에서 돈을 거둬들이고는 직원에게 여기서 기름을 넣지 않겠다고 하셨어요. 포르노가 강간과 아동성폭행을 조장하는 것을 보았기 때문이에요. 그 직원은 무슨 말인지 몰라 아버지를 쳐다보았고, 아버지는 그의 뒤에 있는 포르노 잡지를 가리켰어요. 그러자 그 직원은 잘못한 사람처럼 부끄러워했어요. 그는 우리를 슬쩍 보았고, 우리는 그에게 의심스런 눈초리(당신도 아동성폭행범인가요?)를 보내고는 돌아서 나왔지요. 이런 사건들이 우리에게는 강력한 인상으로 남아 있어요. 아버지는 죄에 대해 그리고 하나님이 죄를 얼마나 미워하시는지에 대해 솔직하게 설명해 주셨고, 우리는 아버지가 옆에 없을 때에도 세상에서 죄의 문제를 어떻게 다루어야 할지 확신할 수 있었죠.

하나님의 관점에서 선과 악을 구분하라

우리 부모님은 선한 성행위와 악한 성행위의 차이점을 설명해 주셨어요. 그래서 우리는 이를 분명하게 구분하고 있었죠. 우리가 아주 어렸을 때에도 아버지는 하나님이 모든 존재, 남자와 여자를 창조하시고 서로 기뻐하며 자녀를 낳도록 하셨다고 솔직하게 알려 주셨어요. 하나님은 성을 한 남자와 한 여자 사이에서 순수하고 거룩하도록 창조하셨어요. 그 두 사람은 결국 아버지와 어머니가 되어 자녀를 낳게 되죠. 그런 관계 안에서는 어떤 혼란이나 수치도 있을 수 없어요. 온전하고 기능적이며 행복한 성이 하나님이 의도하신 것이니까요.

우리 집 개가 짝짓기를 할 때면 아버지는 우리를 불러서 그 장면을 보게 하시고는 개들의 프라이버시를 지켜 주기 위해 우리에게 안으로 들어오라고 하셨어요. 그런 후에 식탁에 종이 한 장을 꺼내 놓고 펜으로 정자가 난자를 찾아서 헤엄쳐 가는 모습을 그려 주셨죠. 아버지는 임신 과정을 실제적으로 설명해 주셨어요. 그때 우리는 여덟 살, 여섯 살, 네 살, 그리고 두 살이었죠.

나는 그 놀라운 과정에 너무나 흥분되어 사촌이 그날 우리 집에 놀러 왔을 때 아버지의 그림을 보여 주고 설명해 주었죠. 다행히 자세한 명칭이 기억나지 않아 어머니에게 물어보러 갔더니 어머니는 다급히 그 종이를 가져가시면서 그것은 부모님이 직접 자녀에게 해 주는 것이지 가족이 아닌 내가 할 말은 아니라고 말씀하셨어요. 나중에 아버지는 나에게 생명의 탄생에 대한 사실은, 비록 부끄러운 주제는 아니지만 공개적으로 할 얘기는 아니라고 자세히 설명해 주셨어요. 나는 그 당시에는 완전히 이해하지 못했지만 그 말씀을 그대로 받아들일 수는 있었습니다.

우리 부모님은 서로 포옹하거나 키스하는 등 서로를 아끼는 모습을 늘 우리에게 보여 주셨고, 결혼 생활이 행복하다는 것을 알게 해 주셨어요. 부모님들은 섹스에 관해 구체적으로 알려 주시지는 않았지만 결혼은 멋진 일이며, 하나님은 우리가 결혼할 적절한 때가 올 때까지 순결함을 지키면 서로에게 있는 놀라움을 발견하도록 하신다는 말씀을 종종 하셨어요. 그것은 우리가 이따금 보게 되는 죄의 흉측한 모습과 대비되면서 나에게 최선의 남자가 생길 때까지 기다리겠다는 마음을 먹게 만들었죠.

많은 부모님이 자녀들의 순수함을 지키기 위해 애쓰고 있다고 말씀하십니다. 그들은 세상의 악을 자녀들이 알기를 원하지 않죠. 나도 그분들이 걱정하시는 것을 이해합니다. 악이 이렇게 활개치고 아동 포르노가 아무한테나 허용되는 세상에서 살고 있다는 것은 슬프고 가슴 아픈 일이에요. 저는 주님께서 곧 오셔서 사단의 이빨을 부러뜨리시고 영원히 꺼지지 않는 불 속에 던져 버리시길 바랍니다. 앞으로도 어린아이들은 이런저런 모양으로 우리의 부패한 사회 현실에서 살아가게 되겠지요. 그 아이들은 대개 다른 친구, 혹은 인터넷, 할리우드, 책 등에서 왜곡된 사실을 듣게 되고 결국에는 잘못된 추측과 선택을 하게 될 것입니다. 그런 정보를 자녀들이 어디에서 맨 처음 얻기를 원하세요? 우리 아버지는 생명의 비밀을 처음으로 우리에게 알려 주시고, 우리가 악이 아닌 선의 관점으로 사물을 보도록 애쓰셨어요. 정확하고 완전하게 정보를 전하는 방식으로 말이에요.

부모님들께

내가 아는 한 아가씨는 스무 살인데 아직 처녀이다. 그녀는 예쁘고 활달한데다 영리하기도 하다. 언제나 그녀의 주변에는 그녀의 관심을 끌려는 청년들이 줄을 선다. 그러면 그녀는 미소를 지으며 그들의 데이트 신청에 '싫어요.'라고 머리를 가로젓는다. "나는 아직 결혼할 준비가 안 되었어요." 그녀는 바로 이 사람이다 싶은 사람이 데이트를 신청하면 그 사람을 처음 만나는 자리에 가족을 모두 데리고 나가서 그를 놀라게 하겠다고 한다. 그녀에게는 두 여동생과 두 남자 형제, 그리고 활달하신 부모님이 계신다. 만약 그 청년이 그런 시끌벅적한 대가족과도 재미있게 하루를 보낸다면 그를 상대자로 고려하겠다고 한다. 이쯤 되면 이 글을 읽는 독자들은 그녀를 긴 생머리에 순진무구한 얼굴 표정을 하고 홈스쿨을 한, 대단히 영적인 자매로 상상할지도 모르겠다. 하지만 틀렸다. 이 처녀는 열 살이 될 때까지 믿지 않는 가정에서 자랐다. 그녀의 아버지는 구원을 얻을 때까지 알코올 중독자였고, 그녀는 유치원에서부터 고등학교까지 공립학교를 다녔다. 그녀의 부모님은 그녀의 옷차림이나 음악, 데이트 등 그 어떤 것도 규제하지 않으셨다! 그녀는 자기가 하고 싶은 대로 할 수 있었고, 자신이 좋아하는 누구와도 데이트를 할 수 있었다. 하지만 그녀는 그렇게 하지 않았다. 그녀는 규칙이 아닌 성령과 그 부모님의 말씀을 따라 살고 있기 때문이다.

그녀의 부모님은 구원을 받은 그날부터 온 마음으로 하나님을 구하기 시작했다. 그들은 종교나 교회를 구하지 않았다. 심지어는 성경을 구하지도 않았다. 오직 하나님만을 구했다. 그들은 자신의 죄악을 완전히 내려놓고 날마다 무릎 꿇고 하나님을 찾았으며 낮이나 밤이나 주변 사람을 섬겼다. 그들은 종교에서 자기 위안을 찾으려 하지 않았고, 자신의 기쁨이 아닌 하나님의 기쁨을 구하려 했다. 그들의 가정은 늘 가난한 사람들로 가득하다. 나 같으면 그런 사람들이 우리 집에 오는 것을 그다지 달가워하지 않을 그런 사람들이다. 그 자매는 이런 부모님의 변화를 가까이에서 목도했다. 이제 그녀는 십 년 동안 부모님의 100 퍼센트 순종을 지켜보았다. 그녀는 그런 헌신의 열매를 보았고, 자신도 그 열매를 얻기 원한다. 규제로만은 절대 세상에서 멀어지도록 그녀를 설득할 수 없었을 것이다. 하

가정이 최고의 학교다

나님을 향한 그들의 사랑이 그녀가 그런 결심을 하게 한 것이다.

자녀들은 대개 부모의 영적 지도를 따른다. 나는 자신들의 부모님과 달리 거룩하고 진실하겠다는 영웅적인 결심을 한 젊은 청년들을 몇몇 만난 적이 있다. 하지만 이것은 예외의 경우이다. 포르노에 빠진 아들의 아버지가 반드시 포르노 중독자일 필요는 없다. 그 아버지가 한 일이라고는 교회에서 아내와 함께 팔짱을 끼고 앉아 있다가 집에 와서는 아내를 학대한 일밖에 없다. 딸이 거리를 배회하게 만드는 데 그 어머니가 꼭 매춘부일 필요는 없다. 그저 남편을 우습게 알고 그의 요구에 불순종했을 뿐이다. 부모의 그런 위선은 그 자녀들에게 이 세계를 움직이는 법이 두 가지라고 해석하게 만든다. 하나는 사람들을 기쁘게 하라는 것, 또 다른 하나는 자신을 기쁘게 하라는 것. 그런 자녀는 교회에서 종교적인 모양만 유지하면 집에서는 자기 마음대로 해도 된다고 믿으며 클 것이다. 그러한 가정에서는 하나님은 아예 고려의 대상도 아니다.

어떤 면으로 보더라도 위선은 자녀의 도덕적 힘을 훼손한다. 모든 부문에서 절대적으로 일관성을 유지해야 그들이 그 부모보다 더 훌륭한 사람이 될 수 있다. 하나님이 경외의 대상이라고 하는 것은 일관성이며, 단지 하나님이 계시다고 '믿는 척'하는 것은 비일관성이다. 그 말은 곧, "하나님은 잠시 꺼 놓을 수 있다."라는 말이니까.

아빠는 세상을 멀리하시는 거예요?

(레베카 펄 아네스트)

지금까지는 저 바깥세상이 우리 삶의 변수를 규정하진 못했다. 우리는 세상의 악한 소리를 멀리함으로써 순결하게 지낼 수 있었다. 포르노 편집광들은 차를 타고 성인용 잡지를 파는 서점으로 가서 창피함을 무릅써야 했다. 하지만 이제 포르노는 광고나 인터넷 어디에서나 우리의 시야를 뚫고 들어온다. 내가 원하지 않아도 그것들이 나를 찾아온다.

인터넷의 선정성 문제는 많은 청소년이 그에 관련되어 있다는 것을 나타내 주지만, 보다 놀라운 사실은 많은 '성숙하고 책임감 있는 사람들'조차도 그 깊이를 알 수 없는 세계에 빠져들고 있다는 것이다. 자기 의에 사로잡혀 자신은 괜찮다고 생각하는 사람들이 부도덕성에 빠져든다. 노우 그레이터 조이(No Greater Joy-저자의 사역단체)는 목사님과 장로님 그리고 오랫동안 기독교 신앙을 가지고 있었던 신자에게서 포르노의 늪에 빠져 있다고 고백하는 편지를 많이 받았다. 그들은 자신의 집에 존재하는 유혹에 대해서도 준비하지 못했던 것이다. 그들은 악에 맞서 싸우고 저항하는 일을 배우지 못했다.

당신의 삶에서 악을 몰아내는 일은 사실 의로운 행동이 아니다. 믿는 자들이 (그리고 고상하고 청결한 삶을 사는 믿지 않는 이들) 인터넷의 포르노에 대처하는 방법을 찾을 때 즈음이면 더 강력하고 전염성 있는 악이 세상에 널리 퍼지게 될 것이다. 따라서 그 방법은 더욱 적극적이고 보다 급진적이어야 한다! 그것은 복음을 믿고 자신이 성화될 것 그리고 죄에 대해서는 죽었고 하나님께는 살아 있음을 믿는 것이다. 이런 신앙의 발판을 딛고 우리는 성령 안에서 하나님을 예배할 것이며 정욕을 이길 것이다. 우리는 성령을 따라 살면서 욕정만을 추구하지 않을 것이다. 존재의 가장 비밀스럽고 근본적인 부분까지도 죄에서 자유로워질 것이다. 바울은 로마의 믿는 자들에게 보낸 편지에서 "영으로써 … 육의 행실을 죽이면"이라고 했다. 그는 지켜야 할 주일학교의 규칙 따위에 대해서 말하고 있는 것이 아니다. 미성숙한 채 교회만 다니는 것으로는 절대 죄를 극복할 수 없다. 죄를 극복할 수 없다면 "다시는 죄를 짓지 말라."라고 하신 우리 주님의 말씀을 들어야 한다.

폐쇄적이고 보수적인 가족들조차 안전 지대에 있지 않다. 자녀를 악에서 멀리 떨어지게 하는 일은 하나님이 부모에게 주신 책임이지만 모두를 다 금지할 수는 없다. 그리고 무엇보다 그들의 환경을 고립시키는 것만으로는 자녀들의 순수함을 지킬 수 없다. 자녀의 영혼이 하나님의 영에 대답하도록 가르치고 준비시켜야 한다.

청소년들에게

(베카)

여러분들이 바로 미래입니다. 미래의 배우자를 기다리는 것이 쉽다고는 말하지 않겠습니다. 하나님께서 왜 십대들에게 그런 끓는 피와 솟구치는 호르몬을 주셨는지 나도 정말 궁금합니다. 왜 하나님은 그런 호르몬의 저주를 인내와 자제를 훈련받은 노인들에게 내리시지 않으셨을까요? 여러분이 생각을 간추리기는 어렵겠지만, 나에게 어떤 일이 있으리라는 것을 알 수만 있다면 … 그것이 얼마나 좋은지 알기만 한다면 생각이 바뀌지 않을까요? 반짝이는 빨간색 포르쉐를 탈 수 있는데 겨우 장난감 자동차로 만족할 일은 없을 것입니다.

함께 살며 서로 의견을 조율하는 결혼 생활이 힘들고 어렵다고 불평을 일삼는 기혼자들의 말은 듣지 마세요. 혹시라도 그와 같은 말을 듣게 된다면 그들이 십중팔구는 과거 어느 지점에서 큰 실수가 있었거나 원래 결혼이 왜 있는 것인지를 잘못 알고 있을 거예요. 그들은 자신의 작품이 망가진 것이 결혼 자체의 제도적 모순 때문이라고 생각합니다. 하지만 그렇지 않습니다. 우리가 아는 많은 부부 중에서 (문제가 없진 않지만 훌륭한 결혼 생활을 하고 있는) 양쪽 모두가 깨끗한 과거를 가진 (어느 쪽도 결혼에 대한 후회를 하거나 도덕적 타락을 경험하지 않았던) 경우는 겨우 세 쌍뿐입니다. 그 세 쌍은 처음부터 이상적인 부부였죠.

성경은 "스스로 속이지 말라 하나님은 업신여김을 받지 아니하시나니 사람이 무엇으로 심든지 그대로 거두리라."(갈 6:7)라고 합니다. 결혼하기 전에 육으로 문제의 씨앗을 뿌리면 나중에 문제의 열매를 추수하게 됩니다. 순결을 뿌리면, 그렇죠, 그것은 정말 좋은 결과를 낳게 됩니다! 순결한 청년은 후회도 없고 골치 아픈 일도 없으며 두려움도 없는 이상적인 부부를 이루게 됩니다. 우리 부부는 그에 관해서는 달리 생각해 본 적이 없으며, 앞으로도 그럴 것입니다. 제 말을 믿으세요. 기다림은 그만한 가치를 가져다줄 것입니다. 결혼한 지 몇 주가 지났을 때 남편은 재미있는 말을 해 주었습니다. 그가 내게 가장 높은 점수를 주었던 것 중의 하나는 내가 '우연히' 순결을 지킨 처녀가 아니었다는 것이죠. 그는 홈스쿨을 한 보수적인 가정의 청년들을 여럿 만나 보았지만 그들의 순결은 대개 어쩌다 보니 그렇게 된 것이었죠. 그들이 개인적으로 순결을 선택한 것은 아니었어요. 부모님이 그들을 위해서 그런 선택을 하셨지만 (물론 그것도 훌륭하지만) 그 자녀들의 선택은 아니었죠. 남편은 그런 청년들 중에서 만약 환경이 달랐더라면 자신의 순결을 소중히 간직하지 않았을 사람들이 많을 것이라고 하더군요. 여러분은 어떤 선택을 하셨나요? 여러분은 부모님의 꾸중을 받지 않기 위해서 행동하나요, 아니면 스스로의 선택으로 성령을 따르고 있나요? 당신은 자신이 속한 집단에 따라서 소신이 흔들리는 편인가요, 아니면 자신이 누구인지 분명히 알고 있나요?

1992년에 내가 다녔던, 선교사 자녀를 위한 성경 대학에서조차 결혼에 대한 순수성을 약화시켜 가르치고 있더군요. 그들은 데이트, 손잡기, 키스, 성적 행위 등은 괜찮다고 했어요. 모든 사람이 서로 다른 기준을 지니고 있었죠. 하루는 실망한 학생 하나가 이렇게 물었습니다. "하나님께서는 왜 우리에게 분명히 일러 주시지 않았을까요? 해야 하는 일과 하지 말아야 하는 일을 목록으로 그냥 주셨다면 좋았을 텐데요." 질문을 받은 교수님은 아무 말씀도 하지 않으셨어요. 그 당시 나도 어떤 대답을 해야 할지 몰랐어요. 그 학생과 똑같은 생각을 했었죠. 우리가 지켜야 할 일의 목록이 있다면 좋을 텐데 … 그런데 하나님은 그 목록보다 훨씬 더 좋은 뭔가를 우리에게 주셨습니다. 바로 하나님의 성령이죠.

다시 저자에게로 돌아와서

앞의 글은 내 딸 레베카의 간증문이다. 지금 이 글을 쓰는 나는 곧 육십삼 세가 된다. 내가 우리 아이들을 키우면서 가르쳤던 그 훈육 내용을 일일이 다 기억하지는 못한다. 하지만 어제만 해도 우리 집에 일하러 왔던 열여섯 살 소년을 만났다. 그는 믿음이 좋은 아이였지만, 그에 관해서 나는 잘 알지 못했다. 하루의 일이 다 끝나고 나서 나는 그의 생각과 세계관에 가벼운 영향을 미칠 기회가 있었음을 깨달았다. 성적인 충동을 조절하는 것부터 시작해서 자신의 의무를 다하고 게으르지 말아야 한다는 충고까지 여러 조언을 해 주었다. 또 허리를 다치지 않고 콘크리트 벽돌을 나르는 법과 커다란 장비 주변에서 일할 때 주의해야 할 것을 가르쳤다. 나는 음식 안에 포함된 설탕의 해악과 부정직의 해악에 대해서도 말해 주었다.

그 아이는 실수를 해서 시간을 허비할 때면 내가 화가 나지 않았는지 눈치를 보았다. 그런 일 속에서 나는 그가 지켜보고 있다는 것과, 내 반응이 그날 내가 한 어떤 말보다 더 큰 영향력이 있다는 것을 알게 되었다. 또 그날 일만이 아니라 인생과 책임감에 관해서도 에너지를 쏟아 가르쳤다는 것을 깨달았다. 나는 내 아이들을 키울 때와 마찬가지로 그에게 마음과 정신을 헌신하였다. 그 젊은 친구와의 경험은 무의식적으로 나를 다시 부모의 역할로 돌려놓은 것이다. 나는 청소년들을 올바른 방향으로 인도하는 조타수의 역할에 대한 필요를 느끼며 열정을 지니고 있다. 그것은 '일상적인 시간'이 아니다. 가르침은 삶 그 자체이다.

우리 집 아이들이 아기였을 때부터 가르치던 바로 그 방식이 생각났다. 나는 가르치지 않을 때가 없었다. 모든 행동, 모든 언어, 인생 전부가 가르치는 일이었다.

6장

성경의
가르침

하나님이 이스라엘의 선조요, 모든 믿는 자의 아버지로 아브라함을 선택하신 것에는 어떤 특별한 이유가 있었을까? 일반 법칙으로서 모든 하나님의 축복은 오직 은혜에 기초한 것이며, 인간에게 어떤 장점이 있어서는 아니었다. 하지만 아브라함은 아주 드문 예외 중 하나였다. 하나님은 아브라함의 아내가 임신을 하게 될 것이라는 말씀을 해 주시기 위해서 천사의 모습으로 아브라함의 집을 방문하셨다. 그때 하나님은 함께 갔던 천사에게 이렇게 말씀하셨다. "내가 그로 그 자식과 권속에게 명하여 여호와의 도를 지켜 의와 공도를 행하게 하려고 그를 택하였나니 이는 나 여호와가 아브라함에게 대하여 말한 일을 이루려 함이니라"(창 18:19). 하나님은 아브라함이 미래의 그의 후손들에게 자신의 신앙을 전할 것이라는 확신이 있으셨다.

당신은 자녀들이 그 후대들에게 당신의 신앙을 전수할 수 있을 정도로 그 믿음의 씨앗을 깊게 뿌려 두고 있는가? 그렇게 하기 위해 노력하는 부모들은 많지만, 사실 실패하는 사람들이 많다. 왜냐하면 그들이 소통하려고 하는 것은 생명이 아닌 종교이기 때문이다. 한 세대를 넘어선 종교는 이미 밥을 먹은 후에 나오는 음식처럼 무용지물이다. 그러나 생명은 역동적이고 자생적이며 적응력이 좋다. 또한 활기차고 창의적이며 최고의 자유를 준다.

생명은 결코 시들지 않는다. 생명에는 불황이 없다. 생명에는 내리막이 없다. 생명은 무조건 지키고 적절하게 운영되어야 하는 개념이 아니다. 생명은 내면 가장 깊은 곳에 있는 자아, 즉 성령이 내주하시는 우리의 영에서 나온다. 성경은 예수님에 대해 이렇게 말한다. "예수님 안에 생명이 있다."

우리 부부가 어린 청소년들의 교육(생명을 전하는 일)에 참여했던 것이 아득히 오래전 일로 느껴진다. 딸 레베카가 기억하고 있는 모든 작고 상세한 것은 내 기억에서 희미해졌다. 하지만 어린아이들과 함께 있으면 마치 기억의 샘물이 터진 듯 내가 우리 집 아이들에게 알려 주었던 그 모든 내용이 쏟아져 나온다. 나 자신을 돌아보면서 잘 받아들이는 시기의 청소년들을 의로운 자로 만들어 가고자 하는 억제할 수 없는 열정이 내 속에 있음을 깨닫는다. 나는 그들을 근면하며 사고력과 지식을 갖춘 능력 있는 인간이자 동시에 하나님과 이웃을 사랑하는 사람으로 훈련시키고 싶다. 그들 인생의 모든 순간이 얼마나 가치 있는지 나는 잘 안다. 나는 그들을 성인으로, 좋거나 나쁘거나 영원히 존재할 무엇인가가 되고 있는, 죽지 않는 영혼으로 본다. 나는 그들의 마음이 올바른 방향으로 향하도록 내가 할 수 있는 일을 다 해야 한다. 지금 바로 이 순간은 과거의 모든 시간보다 귀중하다. 현재는 미래의 시간의 기초가 되기 때문이다. 바로 이 순간이 한 어린아이의 인생에서 전환점이 될지도 모른다. 내일이 아닌 바로 지금이 그때이다. 나는 그들에게 나를 투자할 것이다. 그렇게 하지 않을 수가 없다. 내 인생의 모든 것 중에서 그보다 가치 있는 것이 무엇이겠는가?

당신도 같은 일을 하도록 설득할 방법은 내가 알지 못한다. 바로 얼마 전 한 남성이 이제 겨우 발걸음을 떼고 있는 막내아들을 사랑하지 않는다고 고백했다. 그에게 뭐라고 해야 할지 알 수 없었다. 깊이 사랑하라는 말 외에 무슨 말을 할 수 있겠는가? 자녀 양육에 관한 각자의 느낌에 관해서는 나로서는 할 말이 없다. 종교는 사랑의 행위를 할 수 있게 하지만 오직 생명만이 언제나, 좋을 때나 나쁠 때나, 사랑스러울 때나 그렇지 않을 때나 사랑할 수 있게 한다. 오직 생명만이 파김치가 될 만한 피곤과 일상의 분주함을 극복하고 자녀 교육에 투자할 힘을 불러일으킨다. 나는 예수님을 나의 모델로 삼고 있다. 그분은 당신을 귀찮게 하지 못하도록 어린아이들을 막아서던

제자들을 꾸짖으셨다. 나 또한 그러할 것이다.

하나님은 이스라엘 백성에게 "보라 여호와의 크고 두려운 날이 이르기 전에 내가 선지자 엘리야를 너희에게 보내리니 그가 아버지의 마음을 자녀에게로 돌이키게 하고 자녀들의 마음을 그들의 아버지에게로 돌이키게 하리라 돌이키지 아니하면 두렵건대 내가 와서 저주로 그 땅을 칠까 하노라 하시니라"(말 4:5-6)라고 하시면서 가족의 필요성을 나타내셨다. 그것은 세례 요한의 사역이었다. 또한 그것은 대환란기에 두 증거자가 할 사역이 될 것이다. 아버지의 마음이 자녀에게로 향하도록 하고 자녀의 마음이 그 아버지에게 향하도록 하는 것은 영원히 가족이 존재하는 이유이다. 아버지가 그 자녀의 마음을 얻으면 자녀가 절대 배에서 뛰어내리는 일은 일어나지 않을 것이다.

성경의 교리

나는 당신의 마음을 자녀들에게 향하도록 돌리는 방법을 알지 못한다. 다만 이에 관해서 생각해 보면, 내 마음을 그 방향으로 돌아서게 했던 것은 영원에 대한 자각 때문이었다고 믿는다. 성경(그리고 하나님)에 대한 지식은 실재에 대한 정확한 관점을 심어 준다. 사람이 성경의 지식에 빠져들 때 냉담한 마음이 요동치고 무관심이 열정적인 사랑으로 자랄 수 있다고 나는 믿는다. 내가 말하는 내용은 무슨 교리나 신학이 아니라, 창세기에서 요한계시록까지 이르는 성경의 이야기에 대한 단순한 지식이다. 그 지식이 예전이나 지금이나 역사 속에서 일하시는 하나님을 보게 한다.

영을 따르고 육을 따르지 않는 삶이 건전한 자녀 양육의 기초이다. 쉼 없이 하나님을 예배하는 아버지는 그 자녀의 마음을 얻을 것이다. 이는 최면에 걸린 듯한 경건함을 말하는 것이 아니라, 계속해서 하나님의 영광을 느끼고 모든 일에서 그분의 뜻을 좇는 것을 말한다. 예배는 희미한 불빛이 켜진 예배당에서 성가가 들리는 가운데 전문적인 인도자의 지시에 따라 이루어지는 일주일에 한 번 있는 행사가 아니다. 예배는 마치 한 벽돌공이 하나님이 자신에게 손의 힘을 주신 것에 대해 그분께 감사하는 것과 같다. 예배는 세금 징수관이 꽉 막힌 도로에서 이사야 제66장을 떠올리며 언젠가 그때가 올 것이라는 기대로 미소 지을 때 드려진다. 예배는 잠시 밖으로 나가 얼굴로 하나님의 숨결을 느끼고 나무가 자신의 온 손바닥으로 하나님을 찬양하기 위해 박수 치는 소리를 들을 때 나타난다. 예배는 하나님의 자비에 감사하는 것이며, 날마다 그의 은혜에 들어가는 것이다. 하나님을 예배하는 자는 죄인에게 그리고 가난한 이에게 그분에 대해 전할 것이다.

마음이 하나님께로 향한 아버지는 그와 똑같은 마음을 그 자녀에게로도 향할 것이다. 하나님을 예배하는 자의 아들이나 딸이 또한 예배자가 될 것이다.

자녀에게 성경을 가르치라

자녀에게 성경을 가르쳤으나 그 자녀가 가족이라는 배에서 뛰어내려 버린 가정을 한둘쯤은 알고 있을 것이다. 즐거운 휴일 한낮에 울리는 사이렌 소리와 같은 역할을 하기는 싫지만 어쩔 수 없다. 실로 성경을 종교적인 교과서로 가르치는 것과 역사적 사실로 가르치는 것은 전혀 다르다. 종교는 생명에 대한 사단의 대체품이다. 하나님에 대한 개인적인 지식을 사단이 종교적 가르침으로 바꿔치기 한 것이다. 교리적인 신학에 대한 지식이 한 사람의 일상생활에서 하나님의 뜻과 방법을 아는 것에 대한 대체물이 될 수 없다.

그래서 많은 부모는 성경을 그 자녀가 '착한' 아이가 되도록 협박하는 수단으로 사용한다. 어떤 사람은 성경을, 건전하고 효과적인 원칙을 도출하는 원천으로 사용하기도 한다. 성공과 행복한 삶을 위한 지침이 될 원칙 말이다. 하지만 그러한 것들은 종교적인 가운을 입은 인본주의에 지나지 않는다. 어떤 이는 성경을 자신감을 얻기 위한, 혹은 힘을 주는 영감을 받기 위한 정신적 비타민으로 사용한다. 또 어떤 이는 성경을 시나 현자들의 격언으로 생각하거나, 셰익스피어와 테니슨의 작품을 보듯 읽는다. 이런 예는 얼마든지 더 들 수 있다. 성경을 약화시키는 데에는 수많은 방법이 있다.

성경의 정확한 사용법은 그것을 역사서로 읽는 것이다. 성경을 읽을 때 성경에 대한 관점은 분명한 차이를 가져온다. 사람은 가공의 이야기로도 용기와 승리를 만끽할 수 있다. 격언이나 건전한 심리적 조언을 통해서도 위안과 지도를 발견할 수 있다. 하지만 역사는 실재이며, 미래를 향한 안내이다. 성경은 하나님에 의해 쓰인 책이다. 성경은 역사에 대한 그분의 이야기이다. 성경은 이 순간 '하나님이 나에게 하시는 말씀'에 관한 것이 아니라, 인간 역사의 단계에서 그 자신을 계시하는 하나님에 관한 이야기이다.

연대적인 계시

하나님은 왜 아담이 타락한 이후 그리스도를 세상에 보내시기까지 4000년을 기다리셨을까? 왜 그분은 아브라함, 모세 그리고 이스라엘의 자녀에 이르기까지 많은 시간을 소비하셨을까? 인간은 하나님을 역사적 사건 안에서만 이해할 수 있기 때문이다. '하나님은 누구이신가?'를 이해하기 위해서는 4000년의 세월이 필요했다. 하나님이 선한 자와 악한 자에게 어떻게 축복하고 저주하셨는지, 또 그들이 율법 안에 있을 때와 그 율법을 어겼을 때 어떤 반응을 보이셨는지를 통해 하나님은 세상을 물로 뒤덮었던 노아 시대에 자신이 누구신가에 관한 강력한 진술을 하셨다. 그리고 소돔을 불로 파멸시키실 때도 그러하셨다. 우리는 하나님이 아브라함과 그의 후손들에게 하신 약속과 축복 안에서 그분의 놀라운 계획을 본다. 전능하시며 세상이 끝날 때까지 역사를 주관하신다는 그분의 예언은 세워졌다. 율법은 하나님이 죄와 의로움에 대해 속이 좁으신 분이라고 말한다. 희생제물이 우리에게 말하는 것은 용서는 할 수 있지만 오직 대속물과 속죄 안에서만 가능하다고 한다. "때가 차매 하나님이 그 아들을 보내사 여자에게서 나게 하시고 율법 아래에 나게 하신 것은 율법 아래에 있는 자들을 속량하시고 우리로 아들의 명분을 얻게 하려 하심이라"(갈 4:4-5). 그 '때가 차는' 시기가 바로 4000년의 역사였다.

하나님은 역사 안에서 그분의 이야기를 하셨다. 원칙이나 개념이 아니라 역사 안에서였다. 오늘날 우리는 예수님이 그러하셨던 것처럼 그 역사를 알아가면서 하나님에 대해 배운다. 아주 짧게 그 얘기를 하자면, 하나님은 당신에게 당신의 자녀가 하나님과 친해지도록 하는 아주 간단한 수단을 주셨다. 그들에게 성경을 읽어 주라. 그리고 성경에 나온 이야기들을 거듭해서 들려주라. "그들이 이르기를 그가 누구에게 지식을 가르치며 누구에게 도를 전하여 깨닫게 하려는가 젖 떨어져 품을 떠난 자들에게 하려는가 대저 경계에 경계를 더하며 경계에 경계를 더하며 교훈에 교훈을 더하며 교훈에 교훈을 더하되 여기서도 조금, 저기서도 조금 하는구나 하는도다"(사 28:9-10). 자녀가 젖을 먹을 때부터 성경에 나온 이야기를 해 주기 시작하라.

하지만 다윗과 골리앗의 이야기나 요나와 고래 배 속의 이야기와 같이 유아용 이야기만을 하는 오류에서 벗어나야 한다. 성경의 이야기를 산타클로스처럼 가볍게 다루지 마라. 말도 안 되는 것으로 재미있게만 만들고 싶다면 차라리 말하는 동물 그림책을 사다 주는 것이 낫다. 성경에 나온 이야기가 어린이들에게 적절한지에 대한 의문은 그 이야기가 당신 자신에게도 의미가 있는지를 자문하면 된다. 만약 성경에 나온 이야기를 원문에서 너무 멀리 잘라낸다면 당신은 하나님의 말씀을 폄하하는 것이다. 어린이용 그림성경책에서 강조하는 이야기에만 의존해서는 안 된다. 성경을 앞표지에서 뒤표지에 이르기까지 속속들이 읽고 자녀에게 당신이 읽은 내용을 이야기해 주는 것이 좋다. '가정예배' 시간이 될 때까지 기다리지 마라. 일상생활 중에 적절한 때에 맞춰 이야기를 들려주는 것이 훨씬 더 좋다. 보통 자녀가 열 살 정도가 되면 성경 전체의 기본 주제를 알아야 한다.

바울은 성경에 나온 이야기를 어떻게 활용해야 하는지에 대해 고린도인들에게 보내는 편지에서 알려 준다. "그들 가운데 어떤 사람들이 원망하다가 멸망시키는 자에게 멸망하였나니 너희는 그들과 같이 원망하지 말라 그들에게 일어난 이런 일은 본보기가 되고 또한 말세를 만난 우리를 깨우치기 위하여 기록되었느니라"(고전

10:10-11). 바울은 고린도 사람들에게 원망하지 말라고 하면서 하나님이 그런 원망으로 이스라엘에게 어떤 심판을 하셨는지 상기시킨다. 그 다음 그러한 일들이 하나님의 뜻 안에서 우리를 가르치는 수단으로 기록되었다고 말한다.

자녀가 성경에 나온 이야기에 익숙해지면 어떤 사건이 일어날 때 역사적 사건 중의 하나를 인용하라. "얘들아, 이스라엘 백성이 우상숭배하였을 때 어떤 일이 일어났었는지 기억해 봐. 하나님은 하루에 삼천 명을 죽이셨지." 내가 또 자주 듣는 이야기 중의 하나는 이것이다. "얘들아, 먹는 음식도 조심해야 한다. 왼손잡이가 어떻게 비만한 왕을 죽였는지 생각해 봐. 칼이 칼자루까지 들어갔는데도 신하들은 그가 찔렸는지도 몰랐지."(저자는 사사기 3장의 에훗의 예를 들고 있다.)

성경은 분명히 말한다. "여호와를 경외함이 지혜의 근본이라"(시 111:10). "여호와를 경외하는 것이 지식의 근본이거늘"(잠 1:7). "여호와를 경외하는 것은 사람으로 생명에 이르게 하는 것이라"(잠 19:23). 자녀에게 하나님을 경외하는 마음을 심어 주는 것은 가장 귀한 일이다. 그것은 두 가지 방법으로 가능하다. 그들이 직접 크신 심판을 목격하거나 경험하는 것, 아니면 성경에서 그러한 심판의 내용을 읽고 믿는 것이다. 우리 부부는 우리 자녀가 그 두 가지 방법에서 모두 성경을 익히도록 했다. 우리는 성경에 나온 이야기를 자주 해 주었으며, 우리가 아는 사람들의 삶에서 나타나는 하나님의 심판에 관해서도 말해 주었다. 우리 아이들은 공공연한 그리스도인들이 하나님의 말씀에 불순종해서 큰 낭패를 당하는 것을 보았다. 우리는 기회가 있을 때마다 우리 자신과 주변 사람의 삶에서 일하시는 하나님께로 관심을 가져갔다. 나도 하나님께 불순종했다가 거의 죽을 뻔한 적이 있었다. 간신히 그 상황에서 벗어났을 때 나는 공개적으로 그 이야기를 해서 모든 사람이 하나님께서 나에게 하신 일을 알게 했다. 그 일로 하나님에 대한 경외심이 자랐고, 그 이야기를 듣는 이들도 그러했다.

"여호와를 경외하는 것은 사람으로 생명에 이르게 하는 것이라." 성경은 하나님을 경외하는 일을 배우기에 쉬운 방편이다. 그것은 하나님의 선물이요, 4000년 동안 인류에게 하나님이 어떤 일을 하셨는지에 대한 유일한 기록이다.

7장

자녀가
배에서
뛰어내리면
어떻게
할 것인가?

요즘 아이들은 그 부모와 이혼을 한다. 즉, 아직 때가 오지 않았는데도 집을 떠나 부모의 권위를 부정하고 부모의 가르침에서 등을 돌린다. 우리는 이런 일을 "배에서 뛰어내린다."라고 표현해 왔지만, 실은 이혼이라는 말을 사용하는 것이 더 정확하다. 이혼은 한편으로 자신에 대한 의심을 품게 하고 다른 한편으로 상대방을 탓하게 만든다. 대개 비난이 우선한다. 그렇게 하면 마음이 더 편하기 때문이다.

여러분은 자신에게도 이런 일이 생길 줄은 꿈에도 몰랐을 것이다. 아들이 열 살이 되면 왠지 부모의 존재를 불편해하는 듯한 느낌을 받는다. 어떤 때는 뭔가 할 말이 있는데 차마 입 밖으로 꺼내지 못하는 것 같기도 하다. 그 아이는 좌절해서 집 밖의 친구를 찾아나간다. 때로 그는 화가 폭발하기도 하고, 부모를 비난하기도 한다.

"절 이해 못하신다니까요!"라는 아들의 외침을 기억할 것이다. 그 목소리에는 힐난의 어조가 담겨 있다. 심지어는 부모에게 사랑이 없다고 비난하는 지경에까지 이를 수 있다. 부모로서 그것이 그가 성장하는 과정의 한 단계일 뿐이라고 생각하고 싶지만, 안타깝게도 그는 자꾸만 더 자신만의 세계로 빠져든다. 그러다 어느 날 나이가 들고 돈이 생기면 집을 나가 버린다. 거기에는 분노가 있다. 총알처럼 쏘아붙이는 말들과 비난의 폭탄이 터진다. 복수의 설전으로 변하고 나면, 이 일이 현실이 아니라고 부정하고 싶어질 정도이다. 하지만 안타깝게도 그것은 상상이 아니다. 이전에는 절대 경험하지 못했던 실패감을 알게 된다. 내가 아는 한 부모는 자신의 첫 아이를 잃고는 가족 전부를 포기했다. 그 가족은 모두 산산이 흩어져서 날개를 잃은 비행기 같은 신세가 되고 말았다.

우리는 지금, 만약 당신의 자녀가 배에서 뛰어내렸다면 어떻게 대응할 것인가에 대해 말하고 있다. 돌이키기에 이미 너무 늦어 버린 것일까? 이제는 전혀 희망이 없는가? 만약 아직도 희망이나 방법이 있다면? 모든 인간의 갈등에 대한 정답 중에서 삼분의 이 정도는 하지 말아야 할 일을 하지 않는 것에 있다. 우리 인간이 그냥 자신의 입을 막고 잠자코 있기만 한다면 우리는 회복의 길에서 삼분의 이는 진행한 것이다. 그러나 대개는 처음부터 입이 문제의 단초가 되었을 가능성이 많다. 그러니 조심하라. 사이가 멀어진 자녀의 면전에다

흙탕물을 던지는 입이 되지 않도록 경계하라. 자기 혀에 재갈을 물리지 않으면, 그의 믿음은 헛것이다(약 1:26). 혀는 곧 지옥 불에서 번져온 불이다(약 3:5-6). 한 입으로 교회에서는 하나님을 찬송하고 집에서는 아들에게 저주를 퍼부을 수는 없다(약 3:10).

나의 실패를 다른 사람에게서 듣는 것보다 더 쉽게 화를 돋우는 일도 없다. 현실을 직면하자. 당신의 분노는 마음의 평화, 통제력, 명예와 위신 등 '완벽한' 삶에 대한 상실에서 유발된다. "내가 너한테 어떻게 했는데, 나한테 이럴 수가 있니?" 상대방에 대한 비난이 튀어나온다.

우리는 죄인이기 때문에 비난과 거절에는 분노로 대응하기 마련이다. 우리는 내가 가치 없다고 생각하는 사람에 대해 공격할 때 화를 낸다. "물러서지 마! 내 권리를 위해 싸워! 네가 나에게 상처를 입히다니, 난 그보다 더 너를 아프게 할 거야. 네가 후회하게 만들고 말거야! 나한테 기어와서 애걸하게 만들겠어. 나는 너의 주인으로 너의 진실된 사과를 기다린다. 그래야 내 분노가 그칠 것이다." 지옥은 스스로 확장된다. 우리가 아담의 후손인 인간임을 기억하여 스스로 겸손해져야 한다. 자존심은 지옥의 불에 기름을 붓는 것이다. 우리 각자는 화염을 당기는 화력 좋은 연료이다.

그것은 자녀의 잘못이었다. 그렇지 않은가? 탓하지 않도록 유의하라. 원망이야말로 죄책감이 맨 처음 찾는 피난처이다. 책임공방은 창의력의 무덤이다. 그것은 막다른 길이며, 그 길로는 어둡고 쓸쓸한 즐거움만 통행한다. 남을 탓하면 사태를 변화시킬 희망을 포기하는 것이다. 왜냐하면 당신은 모든 도덕적 책임을 다른 사람에게 넘김으로써 자신이 아무런 통제력이 없음을 공표하는 것이기 때문이다. 원망은 잠시 동안 자신이 신의 역할을 할 기회를 준다. 그럴 때 신은 자비 없이 일방적으로 심판만 한다. 사단은 원망하는 마음을 좋아한다. 원망은 자비를 허용하지 않는 검은 구름 속에 존재하며, 어떤 통찰력도 거부한다. 원망은 터널 안에서 볼 때처럼 어떤 긍정적인 관점도 배제하고 오직 몹쓸 죄인의 수준으로 잘못을 확대한다. 탓하는 일은 실망이 깊은 미움이 될 때까지 끓이는 조리법이다. 책임을 떠넘기는 것은 사단의 위안이요, 모든 죄와 인간의 실패에 대한 사단의 마지막 손질이다. 탓하는 일은 "너의 잘못이 아니다."라는 말을 들어야 직성이 풀리는 비비꼬인 신랄함이다. 하지만 어찌되었든 결과는 같다. 그것이 누구의 잘못이었는지는 중요하지 않다.

모든 일은 당신이 지켜보는 중에 벌어졌다. 당신의 자녀가 날 때부터 정서적으로 상처받고 분노했던 것은 아니다. 지금까지 나는 당신에게 당신의 반응이 문제를 악화시킨다는 말을 했다. 그렇게 한 것은 당신을 벌주고자 한 것이 아니라 탓하기를 멈추게 하기 위함이었다. 회복으로 가는 첫걸음은 무엇보다 하나님께 당신의 마음을 있는 그대로 드리는 것이다. 함정을 더 깊이 파지 마라. 나는 당신에게 회개를 촉구하는 예언자의 역할을 한 것이다. 회개야말로 유일한 출발점이다.

당신의 자녀가 회개하기를 원한다면 스스로가 자녀가 되기 원하는 바로 그 사람이 되어야 한다. 당신은 마땅히 기쁨과 평강 그리고 사랑의 사람이 되어야 한다. 하나님을 알고 그분을 사랑해야 한다. 당신은 훈련되어야 하고, 당신 자신의 개인적인 삶에서 거룩해져야 한다. 가정을 돌보아 당신을 잘 아는 모든 사람의 부러움의 대상이 되어야 한다.

1단계: 당신과 이혼하겠다는 자녀의 결정을 받아들이라.

결론은 내려졌다. 이제 되돌릴 방법은 없다. 자녀를 협박이 통하는 어린애로 취급하지 마라. 절대 그를 비난하거나 탓하지 마라. 당신이 상처를 입었다는 말도 마라. 마치 그가 집을 떠나는 것이 당신의 허락을 받은 자연스러운 일인 것처럼 행동하라. 이 일은 당신이 자녀에게 벌주고 싶은 욕망을 품고 있거나 비난을 수반하고 있다면 절대 불가능할 것이다. 당신의 가슴이 진정으로 미래를 향해 열려 있다면, 그리하여 현재 상황에서 최선을 이루어 내고자 한다면, 당신은 과거의 모든 것을 다 내려놓고 마치 그 자녀가 방금 만난 외롭고 불쌍한 아이인 것처럼 그에게 공감을 표하고, 그의 삶에 희망과 기쁨을 가져다주고 싶은 마음의 감동이 일어나야 할 것이다. 만약 당신이 자신의 감정과 정당화에 몰두한다면 결국에는 비난의 쓴 소리만을 하게 될 것이며, 그는 손가락 사이에 낀 먼지를 털 듯 당신을 털어 내려 할 것이다. 이것이 회복을 가능하게 만드는 시작점이다. 당신의 자녀는 탕자가 아니다. 당신이 바로 탕자인 아버지이다! 그러니 자녀가 잘못했다는 어떤 말도 하지 마라. 그렇지 않으면 당신은 실패한 부모로 영원히 낙인찍히게 될 것이다.

2단계: 기존의 모든 부모의 권리와 권위를 포기하라.

부모 대 자녀의 관계에 기초해서 만나자는 요구를 하지 마라. 이제 당신은 그의 삶의 아주 작은 부분도 얻기 위해 노력해야 한다는 것과, 그가 그것을 원해야만 한다는 사실을 받아들여야만 한다. 인생에서 상처 입은 직장 동료를 대하듯 자녀를 존중하면서 인내심을 가지고 조심스럽게 다가가라. 그가 망가져서 당신에게로 돌아와 잘못을 뉘우치고 당신에게 충고를 구하며, 엉망이 되어 버린 자신의 인생을 당신의 손에 올려놓길 바라지 마라. 그런 일은 절대 일어나지 않을 것이다.

지금까지 우리는 겨우 두 단계만을 보았을 뿐이지만 이것만 해도 크게 상처받은 부모가 감당하기는 힘들 것이다. 당신은 항의하고 싶을 것이다. 그렇지만 위의 두 단계에 먼저 도달하지 않으면 더 이상 앞으로 나아가는 것은 의미가 없다.

3단계: 자녀를 위해 기도하라.

당신의 마음이 무너질 때까지 하나님의 관점에서 자녀를 위해 기도하라. 당신이 자녀를 하나님께 올릴 영광의 잠재력을 지닌 자로 볼 때, 그리고 당신의 기도가 자신과 자신의 상한 감정을 넘어설 때, 그제야 하나님은 자녀의 삶을 움직일 수 있는 자유를 가지게 된다.

당신이 만약 자신의 개인적인 상실감을 회복하거나 자신의 망가진 인생을 고칠 심산이라면 그 기도는 헛된 것이다. 모든 분노, 야망, 원망이 사라질 때까지 진정으로 기도할 수 없다. 그런 기도는 단지 자신의 욕망을 소비하기 위한 것이기 때문이다.

4단계: 자녀가 질식하지 않을 정도로 연락을 취하라.

자녀가 보내는 신호에 민감하라. 그가 당신을 그의 삶에 다시 받아들이기 위해서는 다소 냉각 기간이 필요할 수도 있다. 그의 상처가 깊다면 그는 당신과 모든 연락을 끊으려 할 것이다. 그렇다면 당신이 그를 탓하지 않고 있으며 그를 괴롭히려는 것이 아니라는 의사를 어떻게든 전달해야만 한다. 가족과 이혼하려는 그의 결정을 존중한다고 설득해야 한다. 일단 그가 한두 시간 정도 당신과 함께 시간을 보내면서, 상황이 진정으로 달라졌고 당신에게 여유가 생겼으며 당신이 명령하는 지위에서 내려와 있음을 그가 발견한다면, 그는 다소 경계심을 풀 것이다. 그리고 적당한 때가 되면 가족 소풍을 가거나 저녁 식사에 초대하라. 그에게 "교회에 가자."라는 회유는 하지 마라. 그가 집에서 살던 그 많은 세월 동안에도 효과가 없었다면 이제 와서 그런 회유가 무슨 소용이랴. 당신의 입술을 지키며 혀를 깨물라. 그리고 하나님께서 당신의 마음이 그 자녀를 향하도록 완전히 바꿔 주실 것을 기도하라. 당신의 마음이 올바르지 않다면 당신의 입은 어떻게 해서든 비난이나 상처에 대한 표현을 할 순간을 잡아낼 것이다. 만약 그런 일이 생긴다면 그는 그림자가 드리워진 집에 더 이상 머무르려 하지 않을 것이다.

5단계: 적절한 지원을 제공하라.

당신은 마땅히 신의 지혜를 구해야 한다. 당신은 퇴폐적인 생활 태도를 지원하거나 무책임을 방조하고 싶지는 않을 것이다. 다만 자녀가 책임을 감당할 수 있도록 도움을 제공하고 싶을 것이다. 전혀 연락이 없거나 불신이 여전히 남아 있다면 처음에는 우선 그가 빨래하는 것을 거들어 준다거나 쇼핑을 함께하라. 아니면 소소한 그릇들을 빌려 주거나 중고 가전제품을 구할 수 있게 도와주어라. 온 가족이 그가 사는 거처로 가서 칠이나 도배를 해 주도록 하라. 당신의 선의를 보여 줄 수 있는 어떤 몸짓도 허다한 죄와 악의를 덮어 줄 것이다. 독립에 따르는 현실의 어려움으로부터 그를 막아 주고 싶지 않겠지만, 그렇다고 처음부터 지나친 책임감에 짓눌려 자녀가 망가져서 실패하기를 원하지도 않을 것이다. 부모는 어려운 환경이 자녀로 하여금 집으로 돌아오도록 만들 것이라고 생각한다. 조심하라! 자녀는 부모의 태도를 통해 그 속셈을 꿰뚫어 볼 수 있다. 만약 그가 실패자로 집에 돌아올 수밖에 없다면 관계회복에는 아무런 도움이 되지 못한다. 그가 성공하도록 도울 수 있다면 그러한 성취에 함께했다는 동료의식이 생기고, 관계가 회복되면서 몇 주 혹은 몇 달이 지나 집으로 돌아오고 싶은 마음이 생길 것이다. 하지만 당신의 목표는 그가 돌아오게 만들어 당신이 옳았고 그가 틀렸다는 것을 증명하는 것이 아니라는 점을 명심하라. 당신의 목표는 하나님의 행복한 사람으로 성공하는 청년을 보는 것이다. 아마 자녀가 '집'에서 떨어져 있을 때 그와 더 잘 지낼 수 있다는 것을 알게 될 수도 있다. 그 자녀는 독립하는 편이 더 나을 수도 있다. 멀리서 볼 때 더 쉽게 사랑할 수 있는 사람도 있는 법이다. 그리고 그것이 독립심과 관계회복, 둘 다를 이루게 할 수도 있다.

6단계: 탕자인 자녀와 유대감을 발전시키라.

누가복음 17장에 나오는 탕자의 비유를 읽으라. 그 이야기는 당신이 자녀에게 어떤 마음의 자세를 지녀야 하는지 아름답게 묘사한다. 만약 당신이 큰 형에 더 가깝다면 탕자가 집으로 돌아올 것이라는 꿈은 꾸지도 마라. 인간은 자신에 관해 알고 있고 신뢰할 수 있는 사람과 유대감을 느낀다. 하지만 유대감을 지닌 사람에게서 오히려 상처받기 쉽다. 사랑을 하면 아낌없이 자신을 내어 주고 상대방의 짐을 같이 져 주는 것, 그것이 동료이다.

처음부터 당신의 자녀가 집을 떠난 것은 유대감이 부족해서였다. 그런 평가에 동의하지 못한다면 당신은 아직 회개하지 못한 것이다. 당신은 아직도 남을 탓하고 있다. 당신의 자녀는 그가 집에 있을 때 당신과의 망가진 관계에서 도망친 날과 마찬가지로 당신을 미워할 것이다. 만약 당신이 내가 묘사한 사람이라면 나도 당신을 좋아할 수 없다. 모르긴 모르되 당신의 아내도 마찬가지일 것이다. 다른 자녀는 어떨까? 당신은 이미 한 자녀를 잃었다. 당신이 다른 자녀를 잃지 않기 위해 변화하려고 한 것은 무엇인가? 나쁜 영향력을 주는 교회를 바꾸었을 수도 있다. TV와 인터넷을 끊었을 수도 있다. 다른 자녀가 책임감을 알도록 가르쳤을 수도 있다. 하지만 나는 당신이 같은 전철을 밟지 않으려고 다른 자녀들 앞에서 떠난 자녀를 흉보지 않기 바란다. 집안을 폭풍처럼 몰아치면서, 마치 방금 도적을 맞은 집주인처럼 문마다 걸어 잠그고 새로운 규칙을 만들어 내며 자신의 분노를 토하지 않기를 바란다. 그런 일은 다른 자녀들에게도 "잘 가라."라고 인사하는 것과 같다. 이미 떠난 자녀는 최선을 다해 당신으로부터 다른 형제를 '구해 내고' 싶어 할 것이다.

이는 당신에게는 풀리지 않는 끝 모를 수수께끼일지도 모르겠지만 나에게는 예측 가능한 일이다. 그것은 내가 똑똑해서가 아니다. 당신은 하나님을 찬양하면서 가슴 터질 때까지 하나님을 사랑해야 한다. 육신의 욕정을 채우려 하지 않도록 성령의 인도하심을 따라 걸어야 한다. 당신은 매력적인 인간이 되어야 한다. 누구나 기쁨과 창의력에 이끌리기 마련이다. 당신은 친절하고 사랑이 많으며 온유하고 용서하는 사람이어야 한다. 자비롭고 오래 참는 자가 되어야 한다. 당신은 자제력이 있고 차분해야 한다.

제대로 된 씨앗을 심지 않으면 달콤한 생명의 과일을 얻을 수 없다. 그리스도인의 과일은 그리스도 나무 곧 그리스도에게서 자란다! 나는 경건하고 영성이 깊은 사람처럼 보이려고 이 말을 하는 것이 아니다. 성령이 가득한 삶만이 배에서 뛰어내리고 가족과 이혼하는 일을 피하게 할 수 있다.

하나님 앞에 당신의 영적인 상태를 측정하는 방법 중 한 가지는 인터넷에서 성경 공부를 무료로 다운로드 받는 것이다. 로마서 전체를 읽어야 한다. 내가 뭘 팔겠다는 속셈에서 하는 권유가 아니다. 그런 자료들은 무료이다! 나는 하나님의 말씀을 통해 기쁨과 승리를 얻었다는 편지를 수천 통이나 받았다. 예수 그리스도 안에서 기뻐하는 당신을 생각하면 나는 벌써 당신이 좋아진다. 당신의 탕자 자녀에게도 같은 일이 일어날 것이다.

성공 스토리 하나

몇 년 전, 한 아버지가 힘든 가정사에 대해 상담하기를 원했다. 그의 사춘기 아들이 반항적이고 성격도 좋지 않은데다가 어린 동생들을 나쁘게 물들이고 있었다. 그 아버지는 아들이 혼자 지낼 수 있다고 느끼는 순간 집을 떠날 것을 알고 있었다. 그 아들은 화해를 원하지 않았으며, 그 문제를 논의하려는 모든 접근을 거부했다. 그는 마치 모든 것이 부모의 잘못인 것처럼 행동했지만, 자세한 말은 하지 않았다. 그의 짤막하고 무뚝뚝한 대꾸로 그가 얼마나 상처를 입고 화가 나 있었는지 짐작할 수 있을 뿐이었다.

"제가 어떻게 해야 할까요?" 아버지가 물었다.

"어떻게 하는 것이 중요한 것이 아닙니다. 어떤 사람이 되는지가 중요하지요. 당신의 아들이 존경할 수 있는 그런 사람이 되도록 해야죠." 그 아버지는 곧바로 문제의 '상당' 부분이 자신의 잘못에 있었다고 인정하고 상담으로 치유받는 일을 '하기로' 했다.

다음과 같은 것이 내가 그에게 집에 가서 실천하라고 조언한 내용이다.

자신이 한 인간으로서 그리고 아버지로서 실패했으며, 너의 그러한 태도는 나쁜 아빠를 둔 결과라는 것을 깨달았다고 말하라. 이미 너를 위해서 상황을 바꾸는 것은 너무 늦었다는 것을 알고 있지만, 그런 불행한 일이 동생들에게도 일어나지 않기를 원한다고 하라. 또 그렇게 하기 위해 너의 도움이 필요하다고 말하라. 아들에게 종이 한 장을 건네주고 더 좋은 가정으로 만들기 위해 아빠가 너희들을 위해 바뀌었으면 하는 바람을 다섯 가지 이상 적어 달라고 부탁하라.

그가 당신을 무시하고 협조하지 않아도 놀라지 마라. 그의 관점에서 생각해 보라. 그와 어떤 문제에 관해 얘기하다가 더 오해만 쌓이고 화내는 것으로 끝나지 않았던 적이 있는가? 그는 당신이 그를 공격할 빌미를 찾고 있다고 생각할 것이다. 괜히 감정을 드러냈다가 공연히 더 상처만 입고 싶지는 않을 것이다. 그러니 즉각적인 반응을 기대하지 마라. 그는 지금 아무런 희망도 품고 있지 않다. 그러니 그에게 한줄기 희망의 빛을 주어야 한다. 그를 탓하거나 비난하지 마라. 그 후 며칠 동안 당신 자신이 친절하고, 자제심과 인내가 있으며, 자비와 이해심이 있는 그런 사람으로 변화되었다는 사실을 몸소 보이라. 아내를 사랑하라. 부러울 만한 삶을 만들라. 다른 자녀들을 기뻐하라. 친구들에게 당신이 회개했음을 말하라. 당신이 회개한 죄인이며, 진정한 그리스도인이 되고자 노력하고 있음을 사람들에게 알려라.

이런 일은 거짓말을 할 수가 없다. 당신의 아들은 속을 꿰뚫어 보는 심리학자이다. 그는 당신 자신보다 당신을 더 잘 안다. 당신의 에고는 당신의 기분에 맞춰 기만할 것이다. 당신이 새 사람임을 증명하라. 그리고 아들에게도 새 아들이 될 수 있다는 희망을 주라. 당신의 첫 요구에 호의적으로 반응하지 않는다면, 며칠 혹은 길면 이 주 정도 후에 다시 그에게 지금 느끼고 있는 원망의 감정을 다른 형제가 느끼지 않도록 변화가 필요한 부분을 적어달라고 요청하라. 또한 그가 있는 자리에서 그것을 읽지 않을 것이며, 그 목록에 대해 따지지 않겠다고 말하라. 그는 당신이 자신을 변호하고 그의 답변으로 그가 잘못했음을 입증할 것이라 예상한다. 그에게 당신은 그 목록을 아들이 아닌 하나님께로 가져가겠다고 말하라. '나쁜' 답변은 없을 것이라는 점을 확약하라. 그가 그렇게 느낀다면 그것이 정당한 감정이건 아니건 그 아들에게 지금 유일한 현실이다.

당신이 자신을 증명해 보이면 아들은 부분적으로 당신을 신뢰할 것이다. 일말의 희망을 느낀다면 그는 자신의 진짜 느낌을 적을 것이다. 그러면 당신은 그 목록을 가지고 약속한 대로 행하라. 그의 반응을 하나님께로 가져가서 당신의 마음 상태가 당신에게 드러나기를 그리고 당신이 온전히 변화되기를 구하라. 당신의 아들은 매의 눈으로 그것이 효과가 있는지 지켜볼 것이다.

당신은 아들이 어떤 내용을 적을 것이라고 예상하는가? 약 십 년 전 한 목사님에게 수백 명의 홈스쿨 청소년들에게 돌릴 질문지 한 장을 보낸 적이 있었다. 먼저 이런 질문이 있었다. "당신은 가정

생활에 만족하나요? 당신은 행복한가요? 아니면 가족들이 어떤 것을 바꿨으면 좋겠나요?" 그중에서 겨우 한두 아이들만이 아무 것도 바꿀 것이 없다고 대답했다. 그리고 행복하지 않다고 답변한 아이들에게는 행복한 가정을 위해 바꾸고 싶은 세 가지를 적게 했다. 우리는 거의 모든 답변자가 첫 질문에 같은 관점을 공유하고 있다는 것을 보고 놀랐다. 이런저런 식으로 그들의 대답은 마찬가지였다. "우리 엄마 아빠가 서로 사랑하기만 한다면…, 아니면 적어도 서로 싸우지만 않는다면…."

기억에 남을 두 번째 대답은 이랬다. "만약 우리 아빠가 화를 내지 않는다면…."

상당한 수의 학생들은 이렇게 말했다. "우리 부모님이 내 말을 들어준다면…." 혹은 "나와 함께하는 시간을 더 많이 가져 준다면…."

이런 대답도 있었다. "우리 부모님이 위선자가 아니길 바라요."

그 아이들이 적은 어떤 것들도 장난스럽거나 자기중심적인 대답은 없었다.

자, 어떤 답이 나올지 알아도 여전히 십대 자녀에게 당신을 비판해 달라고 요구할 마음이 있는가? 자녀의 답변을 믿을 만큼 겸손할 수 있는가? 당신은 온전히 하나님께 순종하고 사랑의 완전한 부흥과 예수님의 훈련을 경험할 의지가 있는가?

다시 말하지만, 당신의 삶은 구분되거나 나뉠 수 없다. 당신은 나쁜 남편이거나 아내이면서 동시에 좋은 부모가 될 수는 없다. 은밀한 죄를 계속 짓고 있으면서 가정생활에서 성공을 거둘 수는 없다. 어떤 분야의 죄라도 그 죄는 '당신을 찾을 것'이며 그 죄의 악한 열매를 당신의 자녀 속에서 보게 될 것이다. 당신은 하나의 인격체이며 온전한 사람으로서 당신의 온 삶을 하나님께 완전히 넘겨 드려야 한다. 당신이 하나님께 절반만 드린다면 당신의 자녀는 오직 남은 절반, 악한 쪽을 얻게 될 것이다.

속 썩이는 아들의 문제로 고민하던 그 남자는 집으로 가서 결국에는 목록을 만드는 데 아들의 협조를 얻었다. 그 아버지는 내면의 부흥을 경험했고, 그 아들은 새롭게 변화된 관계 속에서 아버지와 어머니를 존경하게 되었다. 온 가족이 치유와 영적 성장을 경험했다. 우리 사역 단체는 재로 변했던 마음이 기쁨의 강으로 바뀌었다고 고백한 행복한 부모들의 편지를 수천 통 받았다.

너무 늦은 것은 아닐까? 당신이 팔십 세, 자녀가 육십 세이더라도 서로에 대한 존중을 회복하기에 너무 늦은 때는 아니다. 위와 같은 단계가 여전히 필요하다. 나이가 얼마나 되었거나 상관없이 인간의 마음은 늘 같다.

이 책을 읽는 독자 중에서 몇 분은 아마 벌써 우리에게 보낼 편지를 쓰고 있을지도 모르겠다. 당신의 경우는 여기서 다 설명하지 못한 독특한 상황이라고 생각할 것이다. 하지만 예수 그리스도 안에서 찬양하고 기뻐하며 당신의 배우자가 감사와 찬송의 삶을 즐기고 있다고 말할 수 있기 전에는 그 편지를 부치지 마라. 그러한 삶은 배에서 뛰어내렸던 어떤 자녀도 다시 당신의 배로 헤엄쳐 돌아오게 할 것이며, 나머지 항해도 당신의 배에서 함께하도록 이끌 것이다.

청소년들에게 보내는 편지

(가브리엘 아네스트_저자의 사위)

하나님은 매우 구체적입니다. 성경의 '간음'(fornication)이라는 단어는 혼인 관계 밖의 성적 행위를 말합니다. 그것은 성적인 쾌락을 추구하려는 모든 행위나 생각을 의미하기도 합니다. 이 하나님의 법은 여러 사람에게 각기 다른 기준을 허용합니다. 이제 열세 살이 된 소년에게 육십 세 된 할머니가 명확한 양심으로 할 수 있는 일들을 이해시키기는 어려울 것입니다.

성적인 황홀경은 한 남자와 한 아내가 다른 사람의 방해를 받지 않는 신성한 환경에서 즐기는 것이 되어야 합니다. 하지만 혼인이 거룩하게 되기 위해서는 혼인관계에 들어가는 사람들이 거룩해야 합니다.

결혼식장의 단상에 서 있는 부부를 상상해 봅시다. 두 사람은 모두 혼전 성경험을 가지고 있고, 최근에는 두 사람이 함께 잔 적도 있습니다. 그들에게 '거룩한 결혼생활'이라는 말이 무슨 의미가 있겠습니까? 결혼이 그들에게 어떤 특별한 즐거움을 주겠습니까? 그들이 느낄 수 있었던 그것은 이미 망가졌고 없어졌습니다. 그들은 결혼 선서를 하기 전에 미리 가졌던 성경험 때문에 의심과 불신 그리고 불만과 수치라는 언짢은 느낌도 함께 지니게 되었습니다. 몸의 일치라는 완벽한 선물 안에서의 희열과 기쁨도 없습니다. 결혼이 주는 선물이 없는 것입니다.

성은 단지 출산을 위해 즐기는 행위가 아닙니다. 그것은 온화함과 사랑 그리고 관대함의 행위입니다. 여자에게 그것은 예배 행위이며, 남자에게는 아내를 선물받은 축복으로 기뻐하는 행위입니다. 그들의 황홀경은 의롭고 영광되며 순수합니다. 하나님은 우리에게 그러한 진지한 감정과 즐거움을 즐기도록 성을 선물로 주셨습니다. 또 하나님은 그러한 선물을 지키고 최대한 만끽할 자유를 보장할 경계도 주셨습니다. 그러한 경계는 죄의식, 수치심, 후회 그리고 궁극적으로는 그 선물의 파괴를 예방할 수 있게 합니다. 혼전 성적 순수의 경계가 무시되고 깨질 때 하나님의 선물에 대한 기쁨은 약화되고 타락합니다. 그러한 안전한 경계를 계속해서 침범하면 결국 수치와 두려움이 모든 즐거움을 대체할 것입니다. 결혼한 부부 둘 중 어느 한 사람이 과거에 그런 경계의 침입을 입었다면 그러한 종류의 기쁨은 상처를 입습니다. 하나님은 은혜와 자비가 많으시므로 그 부서

진 조각들을 이어 줄 수 있으시지만 처음부터 온전하다면 그 기쁨이 얼마나 크겠습니까!

어쩌면 여러분의 부모님은 여러분이 존경하고 바라는 그런 결혼 생활을 하고 계실 수도 있고, 그렇지 않을 수도 있습니다. 부모님들이 과거의 잘못을 고치고 그것을 극복해 나간다면, 그 노력은 존경할 만하다고 말할 수 있습니다. 더 많은 부부가 그런 용기를 지니기를 원합니다. 하지만 부모님의 예를 그대로 따르거나 그것을 목표로 삼지는 마세요. 우리의 목표는 더 높고 더 좋고 더 순수하고 더 영광된 것이어야 합니다! 하나님이 당신을 위해 마련하신 배우자를 위해 순결을 지키겠다는 다짐을 하십시오. 규칙 목록이 필요한 사람들도 있지만 최고의 기준은 하나님을 향한 진지한 사랑에서 흘러나옵니다. 하나님은 성령으로 그리고 당신 자신의 양심으로 언제 선을 그어야 할지 보여 주실 것입니다. 순결은 지킬 가치가 있다는 것을 믿으십시오. 어쩌다 보니까가 아니라 당신의 선택에 의한 순결을 지키십시오.

안전한 컴퓨터 관리에 대해

(가베)

일반적인 홈스쿨에서는 아이들이 당신보다 컴퓨터를 더 잘 알고 있을 것이다. 그럴 때 당신은(이웃집 아이나 다른 자녀들이 아닌, 바로 당신)

이러한 문제를 해결하기 위해 공부해야 한다. 가장 선정적인 포르노가 당신의 자녀를 노리고 있다. 변태성욕자들은 (그들의 연령대는 아홉 살에서 아흔아홉 살에 이르기까지 다양하다) 말할 수 없이 파괴적인 내용으로 순진한 아이들을 채팅방으로 끌어들인다. 아직 세상 물정을 모르는 아이가 그런 것을 접할 수 있는 기회를 마다할 이유가 없다. 편리한 시간에 자녀에게 그 문제에 대해 현실적으로 설명하고 이해시키라. 나는 다음과 같은 질문에 기본적인 제안을 하고자 한다.

질문: 우리 집 인터넷을 어떻게 제어할 수 있나요?

답변: 집 인터넷을 통제하는 최고의 방법은 인터넷 비밀번호를 설정하는 것입니다. 비밀번호는 한 가지 이상 알아야 한다는 점도 유의하세요. 만약 당신이 인터넷에 접속해야 한다면 인터넷 계정에 들어갈 수 있는 비밀번호가 이미 존재할 것입니다. 하지만 내가 말하는 것은 그런 비밀번호가 아니라 인터넷에 들어갈 때마다 입력하는 비밀번호를 말하는 것입니다. 그렇게 비밀번호를 설정해 놓으면 자녀들이 인터넷을 사용할 때마다 부모에게 와서 비밀번호를 입력해 달라고 요청해야 합니다. 그러면 부모가 잠든 시간에 자녀가 몰래 인터넷 서핑을 하지 않을까

하는 염려는 하지 않아도 되겠죠.

질문 : 만약 비밀번호가 알려지면 다른 것으로 바꿀 수 있나요?

답변 : 처음 사용자 허락을 받았던 그 장소에서 비밀번호를 변경할 수 있습니다.

질문 : 다른 사람이 어떤 웹사이트를 방문했는지 확인할 수 있나요?

답변 : 네. 인터넷을 열고 《Crtl》-H를 치면 열어본 페이지를 볼 수 있습니다. (《Crtl》키를 누른 상태에서 동시에 H를 치는 거죠.) 하지만 컴퓨터를 조금만 아는 사람이라면 쉽게 그 기록을 삭제할 수 있습니다. 그러니 이것에 너무 의존하지는 마세요. 부모가 직접 지켜보는 것이 가장 확실한 방법입니다.

질문 : 인터넷 필터라는 것이 있다는 얘기를 들었습니다. 효과는 어떤가요? 그리고 어떻게 설정해야 하나요?

답변 : 먼저 필터가 그다지 잘 작동되지 않는다는 점을 말씀드립니다. 어떤 포르노는 필터를 뚫고 들어오기도 합니다. 이렇게 말해 보겠습니다. 필터가 99.99 퍼센트의 포르노 사이트를 걸러 낸다 해도 여전히 0.01 퍼센트의 포르노 사이트는 살아 있습니다. 포르노 사이트가 총 백만 개

가 넘기 때문에 여전히 만 개 정도의 포르노 사이트는 필터를 뚫고 들어올 가능성이 있다는 거죠. 필터가 상당히 많은 사이트를 차단하기는 하지만 포르노 차단을 필터에만 의존할 수는 없습니다.

두 번째로 인터넷 필터는 대부분 포르노와는 상관없는 인터넷 정보까지 상당 부분 잘라 버리기도 합니다. 예컨대 뉴스를 보고 싶은데 그 내용 중에 섹스라는 말이 검색되면 그 뉴스는 볼 수가 없습니다. 물론 그런 정보 없이도 지낼 수는 있겠지만 결정은 당신의 몫입니다. 그러나 나는 고도로 기술화된 사회에서 지식 정보를 배우는 일은 자녀들에게도 필요하다고 생각합니다.

필터가 필요하다고 결정했다면 여러 곳을 검색해서 제일 좋은 곳을 선택하십시오. 포르노와 다른 유해한 내용의 문제에 대해서는 더 이상 설명할 필요도 없을 것입니다. 우리는 사람들이 그 싸움에서 이기도록 도와야 합니다.

당신의 환경을 지키라

(베카)

나는 컴퓨터가 있는 방의 문을 유리로 만들 것을 제안한다. 그러면 조용한 공간에서 공부해야 할 사람들이 소음으로부터 방해받지 않을 뿐 아니라 방 안을 계속해서 관찰할 수 있기 때문에 책임감이 자라날 수 있다. 우리 단체의 사무실도 모두 유리문을 달았다. 누구도 비밀이 허락되지 않는다. 또 사람들이 많이 왕래하는 장소에 컴퓨터를 놓았다.

아버지는 우리 집을 지으시면서 모든 침실 문이 중앙 거실을 향하도록 설계하셨다. 그리고 우리의 나이가 제법 들기 전까지는 잠금장치를 달지 않았으며, 나중에는 여자아이들 방에만 잠금장치를 달아 주셨다. 문은 옷을 갈아입을 수 있도록 오 분 정도만 닫는 것이 허용되었다. 그리고 그 이상 문을 닫아 놓으면 십중팔구 아버지는 우리가 무엇을 하는지 보러 오셨다.

당신의 가족을 지키는 다음 단계는 자녀들이 어떤 부도덕성을 만날 때 (만약이 아니다) 어떻게 반응할 것인가를 가르치는 것이다. 다음은 토론할 주제를 적어 둔 것이다.

- 자녀들이 컴퓨터나 잡지 등에서 포르노를 발견할 경우 어떻게 할 것인가?

- 친구나 친척이 그들에게 어떤 야한 것들을 보여 줄 때 어떻게 할 것인가?

- 악한 제안이나 말을 들을 때 어떻게 할 것인가?

- 누군가 성폭행을 시도하려 할 때 어떻게 할 것인가?

- 악한 생각이 나거나 상상이 될 때 어떻게 할 것인가?

작고 조용한 아미쉬 시골 마을에 사는 아이들은 다른 어떤 곳의 아이들보다 순진하다. 어느 날, 근처 마을에서 한 가족이 이사를 왔는데 그들에게는 그들 나름의 이웃과 애완동물들이 있었다. 그들은 아미쉬 옷을 입고 아미쉬가 하는 말을 했다. 그런데 그들이 온 지 얼마 지나지 않아서 그 집의 열 살짜리 아들이 교회에서 예배를 드린 후 다른 남자아이들과 놀고 있었다. 그는 다른 소년들에게 강아지와 성교하는 법을 알려 주겠다고 했다. 다행히 무리 가운데 있던 한 아이가 평소에 아버지에게서 그런 공격을 받았을 때 어떻게 대응해야 할지를 교육받은 적이 있었다. 그 아이는 그 말을 듣지 않겠다고 하고 난잡한 정보를 제공하겠다는 그 아이를 어른들에게 알렸다. 근처에서 돈과 다른 이득을 얻으려고 머물러 있던 그 가족은 우리 교회와 마을에서 떠날 것을 요구받았다. 온 교회의 안전이 바로 그 아들에게 비속한 상황에 대응하는 법을 알려 준 한 아버지에 의해 지켜졌다.

우리 부모님이 사전 예방을 중시하셨던 또 다른 예는 사촌이나 친한 친구와 밤을 함께 보내는 것에 대한 제약(그런 일이 거의 없을 만큼)을 두신 것이다. 내 자신이 아이의 어머니가 되었지만 나 또한 우리 아이들을 위해 그런 일은 허용하지 않을 것이다. 가장 보수적인 친구들과 사촌들마저 어린 내가 들어서는 안 될 말들을 하였다. 어른이 되어 뒤돌아보니 그날 나와 함께 밤을 보냈던 친구들 여럿이 성폭행을 당한 적이 있었다. 그것도 내가 그들을 알고 지내던 기간에 일어난 일이었다. 그들이 어른이 되어서야 자신들에게 그런 범죄를 저지른 범인에 대해 말할 수 있었다. 그 당시 그들은 두렵기도 하고 자신들에게 일어난 일이 얼마나 악한 일인지 분별할 수 없었기에 침묵했던 것이다.

미국의 아동 성폭력에 대한 통계를 보면 끔찍하다. 두 명의 여자아이 중 한 명, 네 명의 남자아이 중 한 명이 피해를 당하고 있다. 뉴멕시코 주의 갤럽에 사는 한 목사의 아내는 자신의 집에 손님이 있으면 그날 밤은 아이들을 부모와 함께 재운다고 한다. 설사 그 손님이 친척이라도 마찬가지다! 그 사모님은 자신의 친오빠, 동생이나 사촌도 믿지 않았다. 현명한 처사였다. 이제 성인이 된 그 딸은 그런 종류의 어두운 기억에서는 자유롭다. 그 어머니 자신이 어렸을 때 보호받지 못했던 것이다.

도저히 말로 다 할 수 없이 뻔뻔한 성폭행범의 이야기가 너무 많다. 심지어는 집에 사람이 많이 있었는데도 아동에게 상처를 준 범인도 있었다. 절대 다른 사람의 무릎에 어린아이를 앉히는 일을 허락지 마라. 혹시 모를 일에 주의를 기울이는 일에 절대 소홀하지 마라. 어린 딸들에게는 치마나 짧은 바지 아래에 반드시 속바지나 타이즈를 입히도록 해서 비밀스러운 곳에 다른 사람이 접근하지 못하게 하라. 그냥 눈을 감고 아무 일도 일어나지 않기만을 바라는 잘못을 저지르지 마라. 부모가 자녀를 위해 싸우지 않으면 아이들도 하지 못한다. 성경은 지켜보고 기도하라고 말한다. 자녀를 위해 기도하는 일은 그들의 영혼과 안전을 위해 주의 깊게 '지켜보는' 일이 동반되어야 한다.

마지막으로 내가 추천하는 예방조치는 자녀들에게 하나님이 아동 성폭행범을 얼마나 미워하시는지에 대해 확신을 주는 것이다. 우리 아버지는 어린아이 중의 한 명이라도 상하게 한 자에 대해 하나님이 어떻게 심판하셨는지에 관해 알려 주셨고, 그런 행동이 어떤 것들인지 솔직하게 말씀해 주셨다. 아버지는 하나님이 어떤 소녀를 강간한 남자들의 이를 부수시고(시 3:6, 58:6) 팔을 부러뜨리신(시 10:15) 사건을 설명해 주셨다. 그들은 영원토록 불 속에서 타고 있을 것이라고 말해 주셨다. 그 말을 들은 나는 하나님이 아동 성폭행을 미워하신다는 사실을 확신하고 그들을 안타까워했다. 만약 누군가가 나를 폭행하려 든다면 나는 절대 가만히 있지 않을 것이다. 내가 잘못

되고 있다는 것을 알고 그들이 나에게 악한 일을 하려 한다는 것을 알기 때문이다. 많은 성폭행범은 피해 어린이들에게 죄의식이라는 덫을 씌우고 심지어는 '사랑받고 있다'라는 느낌을 갖게 만든다. 성폭행은 절대 사랑이 아니다. 어린아이들을 해치는 이들에 대한 하나님의 의로운 심판이 있을 것을 자녀들에게 확실히 해 두어야 한다. 또한 그들 또한 부모를 도와 그런 악한 사람들을 지켜보아야 한다.

자녀와 함께 읽은 성경 구절과 주제

거룩한 성

창세기 1:28, 잠언 18:22, 욥기 31:1, 잠언 5:15-19, 창세기 26:8,
에베소서 5:31, 히브리서 13:4, 아가서, 잠언 30:18-19

건강한 이성관계

고린도전서 7:1-9, 디모데전서 5:2

예수님과 그 신부

에스겔 16:8, 이사야 54:5, 에베소서 5, 이사야 62:5

소돔

레위기 18:22, 창세기 19, 레위기 20:13, 신명기 23:17,
열왕기상 14:24, 로마서 1:26-27

아동 성폭행

마태복음 18:5-10

수간
레위기 18:23, 출애굽기 22:19, 신명기 27;21, 레위기 20:15-16

근친상간
레위기 20:17-21

혼외정사
잠언 5:20-23, 잠언 6:24-35, 잠언 7,
데살로니가전서 4:3, 고린도전서 6:18

부정
마태복음 5:28, 고린도전서 6:13-20, 고린도전서 6:9, 디모데전서 1:9-10

어둠의 일들을 말함
에베소서 5:3-7, 5:12, 잠언 5:3-5, 잠언 2:11-20

자녀들에게 다음과 같은 질문으로 토론하라

- 위에서 나열한 일은 어떤 것들인가?

- 누가 그런 일을 하는가?

- 그러한 죄에 대한 벌은 어떤 것인가?

- 이런 일을 행한 나라들을 하나님은 어떻게 하셨는가?

- 위와 같은 죄를 지은 개인에게 하나님은 어떻게 하실 것인가?

이 토론은 한 번으로 그칠 내용이 아니다. 가능하면 그런 정보들이 자연스럽게 주어지도록 하라. 자녀들이 자유롭게 질문할 수 있도록 개방적 사고로 대화하라. 우리 아버지는 이런 문제를 토론하기 위해 가정예배를 소집하지는 않으셨다. 일상생활 중에 이런저런 기회가 생길 때마다 말씀해 주셨다. 상처를 입은 사람을 보거나 신문에서 어떤 사건을 읽거나 그런 상황에 대한 얘기들을 들을 때에 아버지는 그 죄에 대한 성경 이야기를 들려주셨고, 그 죄가 어떤 고통을 불러오는지에 대해 말씀해 주셨다. 그러한 죄들을 우리에게서 숨기지 않으시고 선과 악을 분별하는 예로 활용하셨다. 우리의 일상적 대화 속에서, 씨를 뿌리면 그 열매를 거두게 되는 것과 악이 심판과 사망을 가져온다는 것, 그리고 의로움은 상과 생명을 가져온다는 개념을 심어 주셨다.

이런 추악한 죄에 대해 말할 때에 자녀들의 눈을 똑바로 보라. 아이들은 충격을 받을 것이다. 자녀의 신뢰를 얻으면 어쩌면 가슴이 무너지는 고백을 자녀로부터 들을 수도 있다. 자녀들이 자신이 이전에 받았던 상처나 잘못을 고백할 용기를 낼지도 모른다. 그들을 사랑과 긍휼로 감싸 줄 준비를 하라. 예수 그리스도의 복음으로 무장하여 그들에게 무거운 짐이 되고 있는 죄의 오물을 깨끗이 씻어 줄 준비를 갖추라. 자녀와 함께 울고 치유의 과정을 시작하라. 당신의 가슴은 무너지겠지만 그 이상의 해를 입지 않도록 하고 자녀가 회복의 소망을 지닐 수 있도록 하라는 말 외에는 나는 당신에게 다른 위로를 줄 수가 없다.

그런 일이 없는 분들이라면 기뻐하고 신중하게 행동하라! 당신은 비틀거리는 악으로부터 다음 세대를 구하고 있는 것이다. 사단은 소년과 소녀 그리고 남자와 여자를 자신의 노예로 삼아 가족과 나라들을 파멸시키려 한다. 하나님은 당신의 딸과 아들을 지키도록, 그리고 그들이 언젠가 환상적인 결혼에 이르러 견고한 가족을 이룰 수 있도록 당신을 축복하실 것이다. 하나님은 자녀의 미래를 당신의 손 안에 놓으셨다. 위의 추천 성경구절을 가끔 다시 읽고 거기에 적힌 내용과 제안들을 연구하라. 당신의 자녀를 악한 사단의 공격에서 보호하겠다는 당신의 헌신을 증거할 과정을 기도로 출발하라. 마지막으로 "주 예수 그리스도의 은혜와 하나님의 사랑과 성령의 함께 하심이 여러분에게 있기를 바랍니다. 아멘."

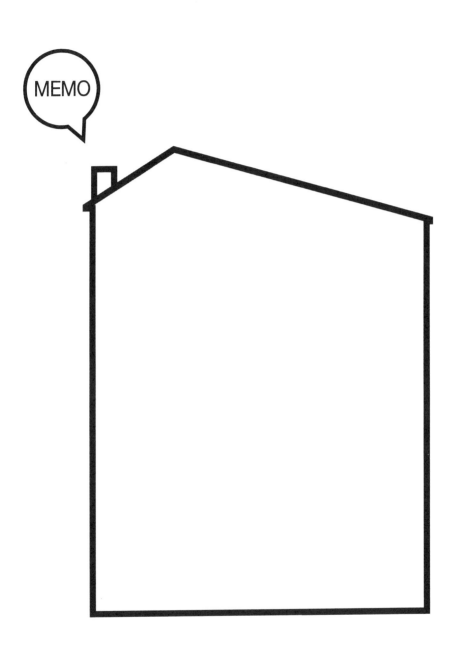

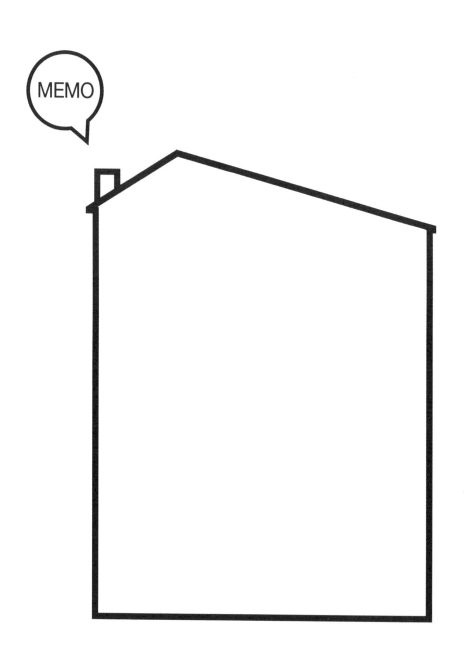